RECUEIL
CONTENANT
LES DECLARATION,
REGLEMENS,

LETTRES PATENTES,

ARRÊTS DU CONSEIL D'ÉTAT

DU ROY,

MÉMOIRES DU CONSEIL DU DEDANS DU ROYAUME,

ET DELIBÉRATIONS DES ÉTATS DE BRETAGNE,

Avec les Mémoires, Instructions & autres Pieces touchant l'administration des Haras de ladite Province.

A RENNES,

Chez JOSEPH VATAR, Imprimeur ordinaire de Nosseigneurs les Etats de Bretagne, Place du Palais.

M. DCC. LV.

DECLARATION DU ROI,

Portant confirmation des Priviléges attribués aux Gardes des Étalons, établis pour les Haras du Royaume.

DU 22 SEPTEMBRE 1709.

LOUIS, par la grace de Dieu, Roi de France & de Navarre; A tous ceux qui ces Présentes Lettres verront, SALUT. L'attention particuliere que nous avons donnée depuis long-tems au rétabliſſement & à l'augmentation des Haras dans notre Royaume, Nous a porté à accorder par différens Arrêts de notre Conſeil, des Exemptions & des Priviléges aux particuliers chargés de la garde des Étalons que nous avons fait diſtribuer dans les Provinces, ou qu'ils ont acheté de leurs deniers, avec l'approbation des Commiſſaires des Haras, afin de les encourager d'autant plus à les entretenir en bon état; c'eſt dans cet eſprit que, par Arrêt de notre Conſeil du 17 Octobre 1665, nous avons déchargé leſdits Gardes Étalons de Tutelle, Curatelle, Logement de Gens de Guerre, Guet & Garde des Villes & Côtes de notre Royaume, même de la Collecte des Tailles & de 30 liv. ſur leur taux de Taille, ſur le pied de leur impoſition aux Rolles de ladite année 1665, ſans qu'ils puiſſent être augmentés, ſinon en cas d'augmentation de biens, & au ſol la livre des impoſitions qui pourroient être faites dans la ſuite, & ce durant le tems qu'ils ſe trouveroient chargés deſdits Étalons; Nous les avons maintenu dans ces Priviléges par autre Arrêt de notre Conſeil du 28 Octobre 1683, par lequel nous avons en outre attribué aux Commiſſaires départis pour l'exécution de nos ordres, privativement à tous nos autres Juges, la connoiſſance des Procès qui pourroient être intentés auxdits Gardes Étalons, pour raiſon deſdits Priviléges: mais l'exemption de 30 liv. de Taille dont ils joüissoient, aux termes de ces Arrêts, ayant dans la suite paru trop à charge à nos Sujets Taillables, Nous avons jugé à propos de la revoquer, ainsi que plusieurs autres Exemptions & Priviléges, par notre Déclaration du 29 Octobre 1689, & depuis, pour mettre lesdits Gardes Étalons à couvert des entreprises des Collecteurs qui, par envie, les imposoient arbitrairement dans leurs Rolles à des sommes excessives, Nous avons ordonné par Arrêt de notre Conseil du 21 Mai 1695, qu'à l'avenir & à commencer au département lors prochain, lesdits Gardes Étalons dans les Pays Taillables seroient taxés d'Office par les Intendans & Commissaires par nous départis dans lesdites Provinces, au pied des Mandemens des Tailles des Paroisses dans lesquelles ils feroient leur domicile, à la somme qu'ils croiroient que lesdits Gardes Étalons pourroient porter par proportion à leur commerce & facultés, sans que, sous quelque prétexte que ce soit, les Collecteurs puissent augmenter lesdites Taxes, à peine de répondre en leurs noms des augmentations, sans espérance de rejet sur les Communautés, quand bien même ils en auroient un pouvoir des Habitans, sauf néanmoins auxdits Collecteurs à se pourvoir par Requête, dans la quinzaine du jour que les Mandemens leur auroient été délivrés, devant lesdits Commissaires départis, pour demander des augmentations sur les taxes desdits Gardes Etalons, s'il y a lieu, sur lesquelles Requêtes à eux communiquées, sera fait droit par lesdits Commissaires, avant que les Rolles des Tailles soient arrêtés, avec défenses, en cas de refus de la part desdits Commissaires ou d'appel de leurs Ordonnances, de se pourvoir ailleurs qu'en notre Conseil ; & quoique nous eussions lieu de croire qu'après des dispositions si précises, lesdits Gardes Etalons ne seroient plus troublés dans lesdits Priviléges & Exemptions, Nous sommes néanmoins informés que, sous prétexte que par l'Article XIX. de notre Edit du mois de Septembre 1706, donné en interprétation de celui du mois d'Août 1705, par lequel nous avons confirmé lesdits Gardes Etalons dans les Exemptions & les Priviléges dont ils joüissoient alors, en vertu des Arrêts de notre Conseil des 28 Octobre 1683, 2 Janvier 1684, & autres Arrêts depuis rendus, il a été obmis de faire mention dudit Arrêt de notre

Conseil du 21 Mai 1695, les Habitans & Collecteurs des Paroisses Taillables affectent d'imposer lesdits Gardes Etalons dans leurs Rolles, & d'augmenter leurs taxes d'Offices, & les Maires & Echevins leur envoyent journellement des logemens de gens de Guerre, & les troublent dans leurs autres Priviléges & Exemptions ; A quoi désirant pourvoir, & expliquer plus précisément nos intentions à cet égard. A CES CAUSES, de notre certiaine science, pleine puissance & autorité Royale, Nous avons dit, déclaré & ordonné, & par ces présentes, signées de notre main, disons, déclarons & ordonnons, Voulons & nous plaît, que, conformément à l'Arrêt de notre Conseil du 21 Mai 1695, lesdits Gardes Etalons dans les Pays Taillables soient à l'avenir & à commencer au département prochain, taxés d'Office à la Taille, par les Intendans & Commissaires départis dans lesdites Provinces, au pied des Mandemens des Tailles des Paroisses dans lesquelles ils feront leurs demeures, à la somme qu'ils jugeront que lesdits Gardes Etalons devront porter à proportion de leur commerce, tenures & facultés ; Défendons aux Collecteurs desdites Paroisses d'augmenter les cottes desdits Gardes Etalons, pour quelque cause & sous quelque prétexte que ce soit, à peine d'en répondre en leurs propres & privés noms, sans aucune espérance de réjet sur les Communautés, quand même ils en auroient un pouvoir précis des Habitans ; Permettons néanmoins auxdits Collecteurs de se pourvoir dans la quinzaine, du jour que les Mandemens leur auront été délivrés, devant lesdits Commissaires départis, pour leur proposer les augmentations qu'ils croiront devoir être par eux faites, au-par-dessus desdites Taxes d'Office, passé lequel délai de quinzaine, ils n'y feront plus reçûs ; & défendons auxdits Commissaires départis d'y avoir aucun égard ; Ordonnons qu'en cas de réfus de la part desdits Commissaires départis ou d'appel de leurs Ordonnances, lesdits Collecteurs se pourvoiront par-devers nous, en notre Conseil, sans qu'en aucun cas ils puissent s'adresser aux Elections ni à nos Cours des Aydes, auxquelles nous faisons très-expresses défenses d'en connoître, sous quelque prétexte que ce soit, à peine de nullité & cassation ; Voulons, en outre, que lesdits Gardes Etalons joüissent de l'Exemption de la Collecte des Tailles

& de l'Impôt du Sel, de Tutelle, Curatelle, nomination à icelles, Guet & Garde des Villes & Côtes, & qu'ils ſoient exempts de Logement de Gens de Guerre ; & à cet effet défendons très-expreſſement aux Receveurs Généraux de nos Finances, Receveurs particuliers des Tailles, & à tous Maires, Echevins, Syndics, Collecteurs & Habitans des Villes & Paroiſſes Taillables, de troubler leſdits Gardes Etalons dans la joüiſſance deſdits Priviléges & Exemptions, ſous quelque prétexte que ce ſoit, à peine de tous dépens, dommages & intérêts, & d'en répondre en leurs propres & privés noms ; & afin de leur ôter tout prétexte de troubler leſdits Gardes Etalons dans les Priviléges & Exemptions ci-deſſus ſpécifiés, nous voulons que les Intendans & Commiſſaires par nous départis dans les Provinces & Généralités, chacun dans ſon département, ſoient tenus chacune année, immédiatement après la premiere viſite des Commiſſaires des Haras, & ſur le procès-verbal qui leur ſera par eux repréſenté, de dreſſer des états contenant les noms, ſurnoms & domiciles de tous les particuliers mentionnés dans leſdits procès-verbaux, qui ſont actuellement chargés deſdits Etalons, tant à nous, qu'approuvés, ſur leſquels états qui ſeront par eux envoyés avec leſdits procès-verbaux, à celui de nos Sécretaires d'Etat qui a l'inſpection générale des Haras du Royaume ; Nous ferons auſſi arrêter chaque année un état général deſdits Gardes Etalons, l'extrait duquel, pour chaque Election, ſigné de nous & contre-ſigné de notredit Sécrétaire d'Etat, ſera enſuite enregiſtré, ſans frais, avant le tems de l'impoſition des Tailles, au Greſſe de ladite Election, pour y avoir recours en cas de beſoin ; Et voulant prévenir les abus qui pourroient s'introduire, tant de la part des Commiſſaires de nos Haras, s'ils avoient la liberté de multiplier ſans neceſſité le nombre des Etalons, au delà de celui qui peut être néceſſaire pour l'entretien deſdits Haras, que de la part deſdits Gardes Etalons, leſquels, ſous prétexte des Priviléges & Exemptions que nous leur attribuons, pourroient prétendre, contre notre intention, que leur taxes d'Office ne pourront être augmentées, quand même ils augmenteroient en tenures, facultés ou exploitations, ſoit dans une ou pluſieurs Paroiſſes d'une même Election ; Ordonnons que les Commiſſaires de nos Haras ne pourront diſtribuer aucuns des Etalons qui nous appartiennent, ni en approuver aucun préſenté & fourni par les particuliers, ſans un ordre par écrit des Intendans ou Commiſſaires départis chacun dans leur Généralité, auxquels nous enjoignons de n'en accorder la permiſſion que dans les lieux & les cas où ils le jugeront néceſſaire, par rapport au nombre des Jumens; obſervant que chaque Etalon n'ait que trente Jumens à ſervir, en ſorte que quand il y en aura un plus grand nombre que celui de trente, dans un même lieu, il puiſſe y être établi un ſecond Etalon, en augmentant toujours à proportion du nombre des Jumens; Voulons pareillement que les cottes d'Office deſdits Gardes Etalons ſoient augmentées par leſdits Intendans & Commiſſaires départis, à proportion de l'augmentation de leurs biens, tenures, facultés & exploitations, ſoit dans une ſeule Paroiſſe ou dans pluſieurs d'une même Election, à l'effet de quoi ſeront leſdits Gardes Etalons tenus de fournir chaque année, chacun en droit ſoi, aux Commiſſaires deſdits Haras, lors de leur premiere viſite, un état de leurs biens, tenures, facultés & exploitations, certifié par le Maire ou Syndic des Paroiſſes de leur domicile, lequel état ſera remis par leſdits Commiſſaires des Haras, à l'Intendant, pour, ſur icelui communiqué, s'il en eſt beſoin, aux Habitans & Collecteurs, être par lui pourvû, s'il y échet, à l'augmentation de la taxe d'Office deſdits Gardes Etalons. SI DONNONS EN MANDEMENT à nos amés & féaux les Gens tenans notre Cour de Parlement de Rennes, que ces préſentes ils ayent à faire lire, publier & regiſtrer, & le contenu en icelles garder & exécuter ſelon leur forme & teneur, nonobſtant tous Edits, Déclarations, Réglemens, Arrêts & autres choſes à ce contraires, auxquels nous avons dérogé & dérogeons par ces Préſentes, aux copies deſquelles, collationnées par l'un de nos amés & féaux Conſeillers-Secretaires, voulons que foi ſoit ajoûtée comme à l'Original: CAR tel eſt notre plaiſir; En témoin de quoi nous avons fait mettre notre Scel à ceſdites Préſentes. DONNÉE à Verſailles le 22 jour de Septembre, l'an de grace 1709. & de notre Regne le ſoixante-ſeptiéme. *Signé*, LOUIS; *Et plus bas*, Par le Roi, PHELYPEAUX. Et Scellée.

RÉGLEMENT

Que le Roi, de l'avis de Monsieur le Duc d'Orleans, son Oncle, Regent, veut être observé à l'avenir, touchant le Service des Haras du Royaume.

TITRE PREMIER.

Intendans & Commissaires départis dans les Provinces.

ARTICLE PREMIER.

LES Intendans & Commissaires départis dans les Provinces pour l'exécution des ordres du Roi, auront le pouvoir & les fonctions qui leur sont attribuées par l'Arrêt du 28 Octobre 1683, & Déclaration de Sa Majesté du 22 Septembre 1709, par lesquels Sa Majesté leur attribuë toute Cour, Jurisdiction & connoissance de tous procès & différens qui pourroient être intentés entre les particuliers, pour raison des Priviléges & Exemptions accordés aux Gardes Etalons, circonstances & dépendances; avec défenses à ses autres Cours & Juges d'en connoître, à peine de nullité & de tous dépens, dommages & intérêts.

II. Ils prendront une connoissance entiere de tout ce qui concerne le détail des Haras de leur Département, dont ils se feront rendre compte par les Commissaires Inspecteurs. Ils auront soin dans leurs visites de voir si les Chevaux sont en bon état, & de pourvoir à tout ce qui est prescrit par le présent Réglement.

III. Immédiatement après la premiere visite des Commissaires Inspecteurs des Haras, & sur le procès-verbal qui leur sera par eux présenté, lesdits Intendans & Commissaires départis dresseront des états contenant les noms, surnoms & domiciles de tous les particuliers mentionnés dans lesdits procès-verbaux, qu'ils enverront au Conseil du dedans du Royaume, conformément à l'Art. VI. de la Déclaration du 22 Septembre 1709.

IV. Les Gardes Haras ne seront autorisés dans leurs fonctions, qu'en qu'en vertu de Commiſſion expreſſe des Intendans & Commiſſaires départis, dans laquelle ils exprimeront les Priviléges dont ils doivent joüir par le préſent Réglement.

V. Ils arrêteront les Mémoires de toutes les dépenſes dont les Commiſſaires Inſpecteurs pourront être chargés pour le ſervice deſdits Haras : Ils ordonneront de la vente des Etalons du Roi, hors de ſervice, dont le produit ſera remis à la Caiſſe des Haras ; & ils informeront le Conſeil du dedans du Royaume, de tous les changemens qu'ils auront jugé à propos de faire dans cet établiſſement.

VI. Ils auront ſeuls le pouvoir d'approuver les Chevaux qu'ils jugeront convenables pour le ſervice des Haras, & les Commiſſaires Inſpecteurs n'y ſuppléeront qu'à leur défaut. Leſdits Chevaux leur ſeront préſentés par les particuliers qui les voudront faire approuver : Et dans les cas où ils le jugeront à propos, ils ſe contenteront du Certificat du Commiſſaire Inſpecteur, ſur la qualité & tournure du Cheval qu'on lui aura propoſé, ſelon la formule qui eſt en fin du préſent Réglement, ſur lequel ils expédieront leur Commiſſion au Garde Etalon, dont la Formule eſt pareillement rapportée enſuite de celle mentionnée ci-deſſus.

VII. Défenſes auxdits Intendans & Commiſſaires départis, de n'approuver de Chevaux pour ſervir d'Etalons à l'avenir, s'ils n'ont cinq ans ou prenant cinq ans.

VIII. Et s'ils ſont obligés de retenir & approuver des Chevaux d'Eſpérance de quatre ans ſeulement, ce ſera à condition, de la part des Gardes Etalons, de ne les faire ſervir que lorſqu'ils auront cinq ans, à peine de cent livres d'amende contre les Gardes Etalons qui auront contrevenu à cette défenſe, ladite amende applicable, moitié au dénonciateur & moitié à la Caiſſe des Haras.

IX. Ils tiendront la main à ce que les Commiſſaires Inſpecteurs s'acquittent exactement de ce qui leur eſt ordonné touchant les viſites de leurs Départemens. Ils ſe feront repréſenter les procès-verbaux qu'ils en auront dreſſé, ils y mettront leur vû, & ils pourront faire, lors de leurs tournées, pour les Départemens des Tailles, tous les changemens, augmentations & retranchemens qu'ils eſtimeront convenir au bien de cet établiſſement.

X. Le Roi ſe remet entiérement auxdits Intendans & Commiſſaires départis, de la diſtribution des Chevaux & Jumens qui leur ſeront adreſſés par les ordres de Sa Majeſté, pour le ſervice deſdits Haras; ils les pourront placer par tout où ils les croiront utiles au bien du ſervice, & les Commiſſaires ſuivront en cela les ordres qu'ils leur donneront.

XI. Défenſes auxdits Intendans & Commiſſaires départis, de permettre l'accroiſſement des Bouriquets dans l'étenduë de leurs Départemens, ſans une permiſſion expreſſe du Roi.

XII. Sa Majeſté déſirant qu'il ſoit apporté une attention toute particuliere, de la part deſdits Intendans & Commiſſaires départis, au rétabliſſement des Haras, avec connoiſſance de cauſe, Elle a donné ſes ordres aux Commiſſaires Inſpecteurs de dreſſer des dénombremens ſur la quantité des Pacages, Prairies, Pâturages, nombre & qualité des Jumens qui ſe trouvent dans les differentes Paroiſſes, ſuivant la formule qui eſt en fin du préſent Réglement. Ils feront pour cet effet donner toute l'aſſiſtance néceſſaire auxdits Commiſſaires, par les Communautés, & tiendront la main à ce que chacun rempliſſe ce qui lui eſt ordonné ſur ce ſujet.

XIII. Leſdits Intendans chargeront leurs Subdélégués de tenir la main à l'exécution des ordres qui ſeront adreſſés aux Maires, Conſuls & Syndics des Paroiſſes, ſur les dénombremens que Sa Majeſté déſire avoir de l'état deſdites Paroiſſes, par rapport à l'établiſſement des Haras: Et faute par les Subdélégués de ſuivre en cela ce qui leur aura été preſcrit, Sa Majeſté enjoint auxdits Intendans & Commiſſaires départis, de les priver de leurs délégations, ſans préjudice des peines & amendes prononcées contre les Maires & Conſuls qui auront manqué de s'y conformer, leſquelles condamnations auront leur effet toutes les fois qu'ils ſeront ſurpris en faute.

XIV. Ils envoyeront au Conſeil du dedans du Royaume copie des Jugemens de condamnation qu'ils auront rendu dans tous les cas de contravention au préſent Réglement: Ils les feront néanmoins exécuter par proviſion, ſans attendre d'autres ordres.

TITRE II.

Commiſſaires Inſpecteurs des Haras dans les Départemens.

ARTICLE PREMIER.

CHAQUE Commiſſaire s'appliquera à acquérir une parfaite connoiſſance de ſon Département, dans toute ſon étenduë, tant par rapport aux Prairies, Pacages & Pâturages, qu'à la quantité & qualité des Jumens de toute eſpece, qui ſe trouveront répanduës dans les differentes Paroiſſes, afin d'en pouvoir rendre un compte juſte toutes les fois qu'on le leur demandera.

II. Ils joüiront de l'exemption du Ban & Arriere-Ban, Tutelle, Curatelle & nomination à icelles, en vertu du préſent Réglement.

III. Ils feront leur réſidence ordinaire dans l'étenduë de leurs Départemens, & même le plus à portée qu'il leur ſera poſſible de celle des Intendans & Commiſſaires départis, pour entretenir la rélation qu'il leur convient d'avoir avec eux pour le bien du ſervice : Et ils ne pourront s'abſtenir du Département, ſans en avoir obtenu la permiſſion de Sa Majeſté.

IV. Veut Sa Majeſté, qu'à la diligence des Commiſſaires Inſpecteurs de chaque Département, & par les ordres des Intendans & Commiſſaires départis, il ſoit fait un dénombrement des Pacages, Pâturages, Prairies, & de la quantité des Jugemens propres à porter des Poulains, & du nombre d'Etalons néceſſaires pour les ſervir par chacune Paroiſſe, ſuivant la Formule mentionnée ci-devant, ſans excepter du Rolles des Jumens, celles des Gentils-hommes, Curés, Prêtres, Moines & Communautés, depuis deux ans juſqu'à l'âge inconnu. Ils envoyeront les dénombremens ci-deſſus au Conſeil du dedans du Royaume, lorſqu'ils les auront mis dans leur perfection, & ils en donneront copie aux Intendans & Commiſſaires départis.

V. Ils feront deux viſites exactes par an de tous les Etalons de leurs Départemens, dont ils dreſſeront leurs procès-verbaux, ſuivant les formules de premiere & deuxiéme viſite, en fin du préſent Réglement. Ils les envoyeront au Conſeil du dedans du Royaume, après avoir été viſités des Intendans & Commiſſaires départis, auxquels ils en remettront des copies.

VI. Leur premiere viſite ſe fera avant le tems de la Monte. Ils verront tous les Etalons de leurs Départemens, un à un, ſur le lieu même, & dans l'Ecurie où ils ſont établés: Ils examineront de quelle maniere ils y ſont tenus, panſés & nourris; ils s'informeront s'ils n'ont point été montés ou employés à d'autres uſages, contre les défenſes faites à cet égard, dont ils rendront compte aux Intendans & Commiſſaires départis: Ils ne pourront dans leur premiere viſite aſſigner aucun rendez-vous aux Gardes Etalons pour paſſer leurs Chevaux en revuë, & ils envoyeront leurs procès-verbaux de premiere viſite au Conſeil du dedans du Royaume, dans le mois de Juin au plus tard.

VII. Ils feront la ſeconde viſite dans les mois de Septembre & Octobre, à la ſuite des Intendans & Commiſſaires départis lors des Départemens des Tailles, pour leur faire repréſenter en chacune Election, Baillage, Evêché ou Sénéchauſſée, les Etalons qui y ſeront établis, & vérifier le contenu au premier procès-verbal. Et dans les Païs d'État où les Intendans ne ſont point chargés de l'aſſiſe de la Taille, leſdits Commiſſaires Inſpecteurs feront leur ſeconde revuë de la même maniere qu'il leur eſt ordonné pour la premiere. Ils en envoyeront les procès-verbaux au Conſeil du dedans du Royaume dans le mois de Novembre, où ils feront mention du nombre des Cavales ſervies dans le tems de la Monte, & de celui des Poulains & Pouliches qui ſeront nés de la Monte de l'année précédente.

VIII. Permis aux Intendans & Commiſſaires départis, lors de leurs Départemens des Tailles, de diſpenſer les particuliers chargés d'Etalons, d'une trop longue traite pour ſe trouver à leur revuë: Et dans ce cas les Commiſſaires Inſpecteurs qui ſeront à leur ſuite ſe tranſporteront dans les lieux deſdits établiſſemens, pour ſatisfaire à ce qui leur eſt preſcrit ſur le fait de la ſeconde viſite deſdits Haras.

IX. Ils ne ſouffriront dans les Haras aucuns Chevaux viciés, caducs ou mal tournés: Et lorſqu'ils en trouveront avec ces défauts, ils les casseront sans difficulté ; ils en feront mention sur leurs procès-verbaux, & en donneront sur le champ avis aux Intendans & Commissaires départis.

X. Ils engageront en même tems les particuliers dont ils auront réformé les Chevaux deffectueux, à faire leurs soumissions d'en présenter d'autres de la qualité réquise pour la monte lors prochaine, suivant la Formule en fin du présent Réglement, s'ils désirent subsister sur les Rolles des Gardes Etalons, & joüir des Privileges que le Roi leur accorde ; à faute de quoi ils seront rayés desdits Rolles & privés desdits Privileges. Sa Majesté veut bien néanmoins, dans les lieux fort convenables à l'établissement & où il ne se trouveroit point de gens assés riches pour faire cette dépense toute entiere, y entrer pour une partie du prix du Cheval : Et lesdits Commissaires Inspecteurs pourront dans ce cas convenir d'une plusvaluë raisonnable, & en informer le Conseil du dedans du Royaume qui pourvoira aux Envoys des Chevaux nécessaires.

XI. A l'égard des Etalons appartenans au Roi, mal placés, mal tenus ou trop vieux, ils en rendront compte aux Intendans & Commissaires départis, après avoir reconnu les lieux où ils pourroient être mieux placés, ou s'il conviendroit de les vendre au profit de Sa Majesté.

XII. Dans les Païs & Cantons où l'usage est de permettre aux Gardes Etalons de vendre leurs Chevaux immédiatement après le tems de la Monte, par la facilité des remplacemens qui s'y font, Sa Majesté consent qu'il ne soit apporté aucun changement à ce commerce : Elle ordonne néanmoins aux Commissaires Inspecteurs, de dresser des Rolles particuliers de tous les Gardes Etalons qui se trouvent dans le cas de ne pouvoir garder leurs Chevaux d'une Monte à l'autre, & d'en présenter les états aux Intendans & Commissaires départis, qui rendront les Ordonnances nécessaires pour autoriser le renouvellement desdits Etalons d'une année à l'autre ; sur quoi ils observeront d'être fort en garde pour ne se laisser point surprendre par des remontrances spécieuses de la part des Gardes Etalons.

XIII. Et pour faciliter d'autant plus l'établissement desdits Haras, les Commissaires Inspecteurs pourront approuver dans le cours des visites qu'ils sont obligés de faire, les Chevaux qu'ils trouveront propres à servir d'Etalons, dont ils remettront les signalemens auxdits Intendans & Commissaires départis, avec pouvoir dans les lieux & cantons où il y aura beaucoup de Jumens, d'y établir plusieurs Etalons par proportion au nombre desdites Jumens.

XIV. Après avoir pris toutes les connoissances qui leur sont ordonnées touchant la quantité des Pâturages, Prairies & Pacages, & du nombre des Jumens de chaque Paroisse, ils dresseront un Rolle de celles qui devront être couvertes par chacun Etalon, jusqu'au nombre de trente ou trente-cinq. Le Rolle en sera dressé selon la formule en fin du présent Réglement, & remis par lesdits Commissaires Inspecteurs, à chaque Garde Etalon.

XV. Et afin que les Particuliers Propriétaires desdites Jumens puissent être informés du lieu où est l'Etalon auquel lesdites Jumens seront annexées, les Commissaires Inspecteurs seront tenus d'envoyer dans les Paroisses voisines, deux lieuës à la ronde, un extrait dudit Rolle, signé d'eux, contenant le nom & la demeure du Garde Etalon, & les noms desdits Propriétaires desdites Cavales annexées audit Etalon ; lequel extrait sera adressé aux Consuls, Syndics ou Collecteurs des lieux désignés au Rolle, pour être lû & publié dans lesdites Paroisses, à la diligence des Consuls, Syndics ou Collecteurs, à peine de cinquante livres contre ceux desdits Consuls & Syndics qui négligeront de faire les diligences qui leur seront ordonnées, applicables à la Caisse des Haras, suivant la Formule en fin du présent Réglement.

XVI. Ils se feront représenter par les Gardes Etalons, lors de la seconde visite de leurs Départemens, les mêmes Rolles qu'ils leur auront laissé avant le tems de la Monte des Jumens qui doivent être servies par leurs Etalons, où les noms & demeures des Propriétaires desdites Jumens doivent être marqués, pour connoître sur ledit Rolle si elles ont toutes été servies, & pouvoir former un état général de toutes celles qui l'auront été & en faire mention dans leurs procès-verbaux. Ils se feront rendre compte en même tems des diligences des Gardes Etalons contre les Particuliers qui n'auront point amené leurs Cavales à l'Etalon, & des raiſons qu'ils auront eûës de s'en diſpenſer.

XVII. Si leſdits Commiſſaires Inſpecteurs trouvoient quelques difficultés de la part des Echevins, Conſuls, Syndics ou Collecteurs, de ſatisfaire à ce qui leur eſt ordonné par le préſent Réglement, ils en dreſſeront leurs procès-verbaux qu'ils remettront aux Intendans & Commiſſaires départis, pour y être pourvû, ſuivant l'exigence des cas.

XVIII. Ils tiendront la main à ce que les Ordres du Roi ſoient ponctuellement exécutés; & en cas qu'il y ſurvint quelques contraventions, ils en donneront avis aux Intendans & Commiſſaires départis, pour y être pourvû, ſuivant le pouvoir que Sa Majeſté leur en a donné : Et ils tiendront un compte exact au Conſeil du dedans du Royaume, de toutes leurs diligences & obſervations, concernant le ſervice deſdits Haras.

TITRE III.

Sous-Inſpecteurs & Viſiteurs des Haras.

ARTICLE PREMIER.

LES Sous-Inſpecteurs & Viſiteurs des Haras recevront les Inſtructions & les ordres des Commiſſaires Inſpecteurs, pour tous les détails de leurs Employs, chacun dans leur diſtrict : Et en leur abſence, ils rendront compte au Conſeil du dedans du Royaume, & aux Intendans & Commiſſaires départis, de tout ce qui concerne leurs fonctions.

TITRE IV.

Gardes Etalons.

ARTICLE PREMIER.

LES Gardes Etalons joüiront de tous les Priviléges & Exemptions à eux accordés par la Déclaration de Sa Majeſté du 22 Septembre 1709, moyennant quoi leſdits Gardes Etalons, dans les Païs Taillables, seront taxés d'Office à la Taille par les Intendans & Commissaires départis dans lesdites Provinces, au pied des Mandemens des Tailles des Paroisses dans lesquelles ils feront leurs demeures, à la somme qu'ils jugeront que les Gardes Etalons devront porter à proportion de leur Commerce, Tenures & facultés, conformément à l'Article premier de ladite Déclaration.

II. Ordonne en outre, Sa Majesté, que lesdits Gardes Etalons seront pareillement taxés d'Office, à commencer au Département prochain, par lesdits Intendans & Commissaires départis, pour raison des impositions du Sel, de l'Ustencile, Dixiéme, Capitation & autres contributions présentes & à venir, de quelque nature qu'elles puissent être, avec défenses aux Collecteurs des Paroisses de les comprendre dans leurs Rolles pour raison desdites impositions, à peine d'en répondre.

III. Ils joüiront, conformément à l'Article V. de ladite Déclaration du 22 Septembre 1709, de l'Exemption de la Collecte des Tailles & de l'Impôt du Sel : Et en outre, de celle de la Capitation, Dixiéme & autres nomination. pour quelque recouvrement que ce puisse être.

IV. Suivans ledit Article V. de la Déclaration du 22 Septembre 1709, ils joüiront de l'Exemption de Tutelle, Curatelle, nomination à icelles, Guet & Garde des Villes & Côtes, & du Logement de Gens de Guerre : Et en outre, de tous Convois, Fournitures de Chariots, Corvées ou autres Services des Troupes dans leur marche, & de toutes Charges publiques ou municipales, tant des Villes que du plat Païs, & de nomination au Syndicat.

V. Celui de leurs enfans ou le Valet auquel ils auront confié le soin de l'Etalon qu'ils ont en leur garde, sera exempt de tirer aux Billets pour la Milice : Et lesdits Gardes Etalons, en vertu du Privilége de l'Exemption du Logement de Gens de Guerre, qui leur est accordé, ne pourront être compris dans les Rolles des Collecteurs, pour raison & sous prétexte de petite Ustencile & bien vivre des Cavaliers en Quartier d'Hyver dans les Généralités.

VI. Lesdits Gardes Etalons seront exempts de l'Enregistrement des Titres, en vertu desquels ils joüissent des Priviléges attachés à

leurs

leurs Commiſſions, conformément à l'Arrêt du Conſeil du 21 Octobre 1702, rendu à l'occaſion de l'Edit du mois de Maï de ladite année, touchant l'Enrégiſtrement des Titres des Privilégiés.

VII. Ils joüiront de plus, de la retribution de trois livres & un Boiſſeau d'Avoine, meſure de Paris, pour le ſaut de chaque Jument, leſquelles pourront être amenées juſqu'à trois fois à l'Etalon, ſi elles n'ont pas rétenu les deux premieres, ſans que leſdits Gardes Etalons puiſſent rien exiger au-delà, à peine de reſtitution & de vingt livres d'amende, au profit du dénonciateur.

VIII. Ils joüiront, dans les Provinces de Franche-Comté, Dauphiné & Languedoc, de la gratification annuelle de cinquante livres à eux accordée, pour leur tenir lieu de bénéfice des cottes d'Office, dont les Gardes Etalons joüiſſent dans les Païs Taillables, en attendant que Sa Majeſté puiſſe rendre cette grace commune dans les autres Provinces où les Tailles ſont réelles, & où les Haras s'établiront.

IX. Ordonne Sa Majeſté, que les Particuliers qui ſe préſenteront pour Gardes Etalons, & auront donné leurs ſoumiſſions aux Commiſſaires des Haras, de ſe fournir d'un Cheval de la beauté & de l'eſpece convenables pour le tems de la premiere Monte, joüiront de toutes les Exemptions & Priviléges accordés aux Gardes Etalons, à commencer du jour & date des Commiſſions qu'ils auront obtenuës à cet effet des Intendans & Commiſſaires départis; à la charge toutefois, qu'ils s'obligeront, au cas qu'ils contrevinſſent à leurs engagemens, de payer une ſomme de cent livres au profit de la Caiſſe des Haras.

X. Défenſes aux Receveurs Généraux des Finances, aux Receveurs Particuliers des Tailles, & à tous Maires, Echevins, Jurats, Syndics, Collecteurs & Habitans des Villes & Paroiſſes, de troubler leſdits Gardes Etalons dans la joüiſſance deſdits Priviléges & Exemptions, ni de les commander pour aucun ſervice, ſous quelque prétexte que ce ſoit, à peine de tous dépens, dommages & intérêts, & d'en répondre en leurs propres & privés noms.

XI. Veut Sa Majeſté, que dans quinzaine du jour de la publication du préſent Réglement, les Gardes Etalons qui, depuis le jour auquel ils ont été chargés d'Etalons du Roi, ou qui ont fait approuver les leurs, ont contracté des Communautés avec leurs Enfans, leurs Gendres & leurs autres parens & amis, repréſenteront pardevant leſdits Intendans & Commiſſaires départis, ou leurs Subdélégués, les Contrats de Mariage & les autres Titres de Société qu'ils ont pareillement contractés, déclareront les noms & qualités des Perſonnes aſſociées à l'augmentation de leurs Exploitations, dont il ſera dreſſé procès-verbal, qui ſera remis au Greffe deſdits Intendans & Commiſſaires départis, pour cet effet être les Taux des Gardes Etalons par eux réglés d'Office, en procédant au Département des Tailles : Et ſeront les Aſſociés dans la Communauté du Garde Etalon, taxés par les Collecteurs perſonnellement, ſuivant leurs facultés & leurs exploitations, comme les autres Contribuables, ſans nul égard à leurs prétendus Priviléges.

XII. Enjoint aux Gardes Etalons qui auront été chargés de ceux du Roi, gratuitement ou à moitié prix, ou qui en auront d'approuvés, d'en avoir un ſoin très-particulier, de les faire bien établer, pancer de la main & nourrir, conformément à leurs inſtructions, à peine d'en répondre, & d'être contraints au remplacement des Etalons qu'ils auront laiſſé déperir.

XIII. Défenſes aux Gardes Etalons, de faire ſervir pour la Monte des Cavales, d'autres Chevaux que ceux du Roi, ou ceux qu'ils auront fait approuver, à peine de trois cens livres d'amende, applicable moitié au profit du Garde Etalon, le plus prochain du lieu où la contravention aura été commiſe, & moitié au profit du dénonciateur, & de confiſcation deſdits Chevaux non approuvés.

XIV. Et d'autant que pluſieurs particuliers ne font approuver qu'un ſeul Etalon, quoiqu'ils ayent des Poulains de deux ans & plus, non approuvés, dont ils ſe ſervent également pour faire ſauter beaucoup de Jumens, il leur eſt pareillement défendu de faire ſervir leſdits Poulains, ſous les mêmes peines ci-deſſus.

XV. Et pour faciliter auxdits particuliers les moïens de joüir de tous les avantages qu'ils peuvent eſperer du ſervice de leurs Chevaux entiers, il leur ſera permis de faire approuver plus d'un Cheval pour ſervir d'Etalon, dans une même Paroiſſe, ſelon le besoin des Habitans, par rapport au nombre de leurs Jumens.

XVI. Sa Majesté dispense les Propriétaires des Chevaux approuvés pour servir d'Etalons, de la marque d'une L. couronnée à la Cuisse, ordonnée par l'Arrêt du 28 Octobre 1685, attendu qu'elle peut nuire à la vente desdits Chevaux, lorsqu'ils ne sont plus jugés propres au service des Haras.

XVII. Défenses à tous Gardes Etalons de faire servir les Etalons dont ils sont chargés, appartenans à Sa Majesté ou approuvés, au Carosse, à la Chaise, à la Charruë ou aux Charrois, ni à d'autres usages penibles, à peine de trois cens livres d'amende applicable ; sçavoir, moitié au profit du dénonciateur & moitié au profit de la Caisse des Haras.

XVIII. Et dans les cas où il conviendroit, pour le bien & la conservation desdits Etalons, de les tenir en haleine par des promenades d'une lieuë ou deux, au plus, les Gardes Etalons en pourront demander la permission par écrit aux Commissaires Inspecteurs, qui ne la leur accorderont qu'en connoissance de cause & à condition qu'elle ne pourra avoir lieu six semaines devant le tems de la Monte, & six semaines après, & que lesdits Chevaux reviendront le même jour à leur gîte, à peine de cinquante livres d'amende au profit du dénonciateur.

XIX. Les mêmes défenses auront lieu contre les Particuliers qui se trouveront chargés de Cavales que Sa Majesté aura fait distribuer gratuitement ou à moitié prix, pour servir à donner de beaux Poulains, à peine contre les contrevenans, d'être privés desdites Jumens, & de cent livres d'amende, applicable moitié au profit du dénonciateur & moitié au profit de la Caisse des Haras : Et les Permissions pour les employer à des usages non penibles leur seront accordées par les Commissaires Inspecteurs, soit pour monter lesdites Cavales ou les faire labourer dans des terres legeres, à condition que lesdites Permissions ne pourront avoir lieu six semaines avant le tems qu'elles doivent mettre bas leurs Poulains & six semaines après.

XX. Défenses auxdits Gardes de conduire leurs Etalons hors des lieux de leur établissement, soit dans les Foires, Châteaux ou tels autres endroits que ce puiſſe être, pour le ſervice des Jumens, ni pour quelqu'autre cauſe que ce ſoit, à peine de cinquante livres d'amende au profit du dénonciateur.

XXI. Leſdits Etalons ne pourront être changés, donnés à d'autres, vendus ni coupés, ſans une permiſſion expreſſe des Intendans & Commiſſaires départis, ou des Commiſſaires Inſpecteurs, ni remplacés ſans leur approbation, à peine de trois cens livres d'amende contre chacun des contrevenans, d'être déchûs de tous leurs Priviléges, & de reſtituer en entier le prix des Chevaux appartenans au Roi ou donnés à moitié prix auxdits Gardes Etalons; ladite amende applicable au profit de la Caiſſe des Haras.

XXII. Et comme il peut arriver que quelques-uns des Etalons approuvés ſeroient tombés dans des accidens conſidérables qui les mettroient hors d'état de ſervir, ou qu'ils viendroient à être dégoûtés des Jumens; dans ce cas, les Particuliers chargés deſdits Etalons, prendront un Certificat du Curé & principaux Habitans du lieu, de l'état où le Cheval ſe trouvera, ſur lequel ils obtiendront la permiſſion de s'en défaire; & pour cet effet ils envoyeront ledit Certificat au Commiſſaire Inſpecteur, qui en rendra compte à l'Intendant: Ils y joindront leurs ſoumiſſions de ſe fournir d'autres Chevaux pour la Monte lors prochaine, ſuivant la Formule ci-devant mentionnée, à faute de quoi ils ſeront obligés de donner leur conſentement aux Habitans de faire ſervir leurs Jumens par les Etalons du voiſinage, & ils ſeront rayés du Rolle deſ. Gardes Etalons.

XXIII. Après leſdites permiſſions obtenuës, les Gardes Etalons, s'ils ſont propriétaires deſdits Chevaux, pourront les vendre à leur profit; & à l'égard des Etalons du Roi qui leur auront été confiés, ils ſeront vendus au profit de la Caiſſe des Haras, à la diligence des Commiſſaires Inſpecteurs.

XXIV. Toutes les Communautés chargées du ſoin, nourriture & remplacement d'Etalons, en vertu de Reglemens, Arrêts & Ordonnances particulieres, ſeront ſujettes à tout ce qui eſt preſcrit & ordonné à l'égard des Gardes Etalons: Voulant Sa Majeſté que dans les cas de contraventions au preſent Réglement, elles ſoient condamnées, par les Intendans & Commiſſaires départis, aux peines y portées, & que les Gardes Etalons qu'elles auront choisi pour cet effet, y soient contraints solidairement avec elles.

XXV. Les Gardes Etalons qui n'auront point satisfait à leurs soûmissions touchant le remplacement desdits Étalons, seront condamnés en l'amende qu'ils se seront imposée eux-mêmes par leurs soûmissions, & le produit en sera remis à la Caisse des Haras, en vertu des Ordonnances des Intendans & Commissaires départis.

XXVI. Défenses à tous Seigneurs de Paroisses, Gentilshommes & autres, de quelque qualité & condition qu'ils puissent être, de se servir par force des Etalons, Cavales & Poulains appartenants à Sa Majesté & aux particuliers, à peine de désobeïssance.

XXVII. Enjoint aux Gardes Etalons de fournir au mois de Février de chaque année, un État aux Commissaires Inspecteurs des Jumens de leurs Paroisses & des environs, âge, taille & poil y spécifiés; ensemble les noms des Propriétaires, pour donner auxdits Commissaires la facilité de dresser les Rolles de celles qu'ils destineront à chaque Etalon : Ils prendront la hauteur desdites Cavales avec une ficelle, depuis le Crampon du pied de devant jusqu'au bas de l'Encolure, que l'on appelle le Garot, & mesureront cette hauteur avec un pied de Roi, sçavoir, tant de pieds, tant de pouces, dont ils feront mention sur ledit État, suivant la Formule en fin du présent Réglement, dont il leur sera remis plusieurs exemplaires, à peine, contre lesdits Gardes Etalons qui y manqueront, de dix livres d'amende au profit de la Caisse des Haras.

XXVIII. Les Gardes Etalons feront mention sur le Rolle des Jumens servies par l'Étalon, dans la colomne destinée à cet effet, du nombre des Poulains qui seront nés de la Monte précédente, en faisant distinction des Poulains d'avec les Pouliches, conformément à la Formule qui leur en sera fournie; Et ils remettront lesdits Rolles aux Commissaires inspecteurs à la fin des Montes, à peine de dix livres d'amende au profit de la Caisse des Haras.

XXIX. Ils certifieront & attesteront les susdits Rolles avant de les remettre aux Commissaires Inspecteurs qui les vérifieront autant qu'il sera en leur pouvoir; & s'il étoit reconnu qu'ils eussent fait de fausses déclarations, ils seront déchûs de tous leurs Priviléges

& condamnés en cinquante livres d'amende, moitié applicable au profit du dénonciateur, & moitié au profit de la Caiſſe des Haras.

XXX. Enjoint aux Gardes Etalons de faire publier dans leurs Paroiſſes, à l'iſſuë de la Grand'Meſſe, aux Portes des Egliſes, par les Tréſoriers, Marguilliers en Charge ou Syndics, auxquels Sa Majeſté ordonne de le faire ſans frais, leſdits Rolles des Jumens déſignées aux Étalons, à peine, tant contre les Gardes que contre leſdits Marguilliers ou Syndics, de dix livres d'amende au profit de l'Hôpital le plus prochain. Seront tenus à cet effet leſdits Gardes, de fournir auxdits Marguilliers ou Syndics, copie des Rolles deſdits Commiſſaires Inſpecteurs.

XXXI. Et afin que leſdits Gardes Etalons ſoient plus exacts à ſe conformer à ce qui leur eſt ordonné à cet égard, ils ne pourront prétendre aucun droit de Monte contre les redevales qui auront fait faillir leurs Jumens, que de ceux qui ſeront employés dans leſdits Rolles.

XXXII. Enjoint aux Gardes Etalons de faire ſervir les Jumens à meſure qu'elles ſe préſenteront, ſans aucune diſtinction ni préférence de perſonne; en ſorte que les premieres Cavales arrivées ſoient les premieres ſervies, ſans néanmoins qu'ils puiſſent en faire ſervir plus de deux par jour, une le matin & une le ſoir, par chaque Etalon, à peine de vingt liv. d'amende au profit du dénonciateur.

XXXIII. Et s'il arrivoit que pluſieurs Jumens devinſſent en chaleur en même tems; en ſorte qu'elles ne puiſſent être toutes faillies dans le tems qu'il conviendroit, ledit Garde Etalon ſera tenu de donner un pouvoir par écrit, aux Habitans à qui elles appartiennent, de les conduire aux Etalons du voiſinage, ce qui ſera fait ſans difficulté, en vertu du pouvoir par écrit dudit Garde Etalon.

XXXIV. Sa Majeſté permet aux Gardes Etalons, de faire ſaiſir & arrêter les Cavales compriſes aux Rolles, pour être faillies par leurs Etalons, & qui n'y ſeront point venuës, lorſqu'elles ſe trouveront pleines du fait de quelques autres Chevaux, ſi ce n'eſt de Chevaux entiers à eux appartenans, & de faire aſſigner leſdits Particuliers pardevant les Intendans & Commiſſaires départis, pour voir ordonner la confiſcation deſdites Cavales & des Poulains qui en ſeront provenus ; Et être en outre, condamnés en cinquante livres d'amende au profit du Garde Etalon.

XXXV. Et à l'égard des Particuliers qui auront réfuſé de payer le droit de monte, tel qu'il eſt réglé ci-deſſus : Permet Sa Majeſté aux Gardes Etalons, de faire vendre, après un ſimple Exploit, les Jumens & Poulains deſdits Particuliers, & ce, tant pour le payement dudit droit, que des frais de la vente, en juſtifiant de ladite faillie, par un certificat ſigné des Maires, Echevins, Syndics, ou de deux de leurs plus proches voiſins.

XXXVI. Les Particuliers qui donnent leurs Cavales à Cheptel à des Métayers, Bordiers & autres, & les retirent lorſqu'elles ont été ſervies, & qu'elles ont apporté leurs Poulains, laiſſant leſdits Métayers dans l'impuiſſance d'acquitter leſdits droits, s'ils ſont dûs, les Gardes Etalons, dans ce cas auront leur recours contre leſdits Propriétaires, Métayers & Bordiers ſolidairement, & procederont contr'eux, de la même maniere qu'en l'article ci-deſſus, par la vente deſdites Cavales & Poulains qui en ſeront provenus.

XXXVII. Les Gardes Etalons ſeront tenus de conduire & préſenter leurs Etalons aux revûës des Intendans & Commiſſaires départis lors de leurs départemens des Tailles, aux jours & lieux qui leur ſeront indiqués par leurs ordres, ſuivant la Formule en fin du préſent Réglement. Et à l'égard de la premiere Revûë des Commiſſaires Inſpecteurs, il leur eſt enjoint de la faire dans les lieux mêmes où les Etalons ſont établés.

XXXVIII. Les Gardes Etalons qui auront fait leurs ſoûmiſſions de recevoir un Etalon pour un prix convenu, & qui l'auront réçû de l'approbation des Intendans & Commiſſaires départis, ſeront tenus d'y ſatisfaire dans les termes portés par leſdites ſoûmiſſions, à faute de quoi, ils y ſeront contraints par toutes voïe dûës & raiſonnables, à la diligence des Commiſſaires Inſpecteurs : Et la même choſe à l'égard des Cavales que les Particuliers auront priſes, à condition d'en payer le prix, ou partie à Sa Majeſté.

XXXIX. Ils ſeront tenus de garder un exemplaire du préſent Réglement & de la Déclaration du 22 Septembre 1709. Enſemble, de l'inſtruction qui leur eſt particuliere, ſur les ſoins qu'ils doivent prendre de leurs Etalons. Enjoint, Sa Majesté, auxdits Commissaires Inspecteurs, de les leur faire représenter à chaque Revûë, à peine, contre lesdits Gardes Etalons qui négligeront de se conformer au présent Article, de dix livres d'amende au profit de la Caisse des Haras.

XL. Défenses aux Commissaires Inspecteurs de comprendre aucuns Gardes Etalons, dans leurs procès-verbaux, ni de leur délivrer leurs Commissions de Gardes Etalons, qu'après les avoir interrogé sur les Réglemens des Haras, & jugé capables de satisfaire à leurs obligations, par la connoissance qu'ils auront des choses qui leur seront prescrites.

TITRE V.

Propriétaires des Chevaux Entiers, Cavales & Poulains.

ARTICLE PREMIER.

DEFFENSES expresses à toutes Communautés, Abbés, Curés, Prieurs, Prêtres, Gentils-hommes & tous autres, de quelque qualité & condition qu'ils soient, qui auront & tiendront chés eux ou chés leurs Fermiers, Métayers, Bordiers, Cabaniers ou Receveurs, des Chevaux entiers, de faire servir lesdits Chevaux pour la Monte des Cavales, si ce n'est pour celles à eux appartenantes, qu'ils n'ayent été vûs & approuvés par les Intendans & Commissaires départis, ou par les Commissaires Inspecteurs des Haras, à peine de confiscation desdits Chevaux entiers, & de trois cens livres d'amende à payer par le Propriétaire desdits Chevaux, applicable moitié au profit du dénonciateur, & moitié au profit du Garde Étalon du lieu le plus prochain de celui où la contravention aura été commise, soit que lesdits Chevaux se trouvent appartenir à des Particuliers ou à des Communautés.

II. Les mêmes confiscations de Chevaux & amende de trois cens liv. auront lieu contre les Coureurs, ainsi appellés, qui sont gens sans aveu, courant les Campagnes, les Foires & les Marchés dans le tems de la Monte, avec des Chevaux entiers qu'ils font servir comme Etalons.

III.

III. Permet Sa Majesté à cet effet auxdits Gardes Etalons de se pourvoir par voye de saisie & arrêt des Chevaux non approuvés, qui feront le service d'Etalons dans l'étenduë de leurs Paroisses, soit dans les Ecuries, soit dans les Campagnes, Foires & Marchés, dont la confiscation leur sera ajugée par les Intendans & Commissaires départis, avec l'amende encouruë par les contrevenans.

IV. Sa Majesté, en confirmant pour toutes les Provinces de son Royaume, les Priviléges accordés aux Propriétaires des Jumens & Poulains, par les Arrêts de son Conseil des 17 Octobre 1665, 28 Octobre 1683, 15 Juin 1700, & 28 Juin 1715, ordonne que toutes les Cavales propres à porter de beaux Poulains, qui seront annexées aux Etalons du Roi ou à ceux approuvés, suivant les Rolles des Commissaires des Haras, ensemble les Poulains qui en proviendront, seront exempts de toutes saisies pour le payement de la Taille & autres deniers Royaux, même pour dettes de Communautés, sur les simples certifications des Gardes Etalons, visées des Commissaires des Haras.

V. Lesdites Jumens & Poulains, dans le cas ci-dessus, ne pourront être commandées pour aucune sorte de Corvées que ce puisse être, ni sous prétexte du service des Officiers dans leurs marches, en rapportant, par lesdits Propriétaires, un certificat du Garde Etalon, portant que leurs Jumens sont comprises dans le Rolle de celles annexées à leurs Etalons, & que les Poulains, en état d'être commandés pour le service desdits Officiers & autres Corvées, proviennent du fait desdites Jumens.

VI. Enjoint à tous Particuliers & Habitans des Paroisses, de quelque qualité & condition qu'ils soient, de déclarer, au commencement de chaque année, aux Maires, Consuls, Syndics ou Collecteurs, le nombre de leurs Jumens, leur poil, âge & taille, à peine de vingt livres d'amende contre ceux qui n'auront point satisfait à cette Déclaration, au profit du dénonciateur.

VII. Défenses à toutes sortes de personnes, de quelque qualité & condition qu'elles puissent être, ayant des Jumens propres à porter des Poulains, de les mener pour être saillies, à d'autre Chevaux que ceux qui seront approuvés & qui leur seront désignés par les Rolles des Commiſſaires Inſpecteurs, ni de faire uſage des Chevaux non approuvés, qui leur pourront être amenés pour ſervir leſdites Jumens dans les Paroiſſes où il y en a déja d'établis, à peine de confiſcation des Cavales qui ſe trouveront avoir été ainſi couvertes, & des Poulains qui en ſeront provenus, & de cinquante livres d'amende contre les contrevenans, applicable moitié au profit du Garde Etalon le plus prochain, outre le Droit de monte qui lui ſera payé par leſdits Propriétaires, pour chaque Cavale faillie en contravention, & l'autre moitié au profit du dénonciateur.

VIII. Les Particuliers qui auront fait faillir leurs Jumens par des Etalons approuvés & qui n'auront pas payé aux Gardes les Droits à eux attribués, y ſeront contraints par la vente de leurs Jumens & Poulains qui en ſeront provenus, en vertu du preſent Reglement, ſans qu'il en ſoit beſoin d'autre, nonobſtant oppoſitions ou appellations quelconques, attendu la nature & qualité du fait.

IX. Sa Majeſté ne voulant point gêner la liberté du Commerce que les Particuliers peuvent faire de leurs Jumens propres à porter des Poulains, quoiqu'employées dans les Rolles pour être ſervies par les Etalons approuvés, elle entend qu'il leur ſoit libre de les vendre, & de s'en défaire toute-fois & quantes que bon leur ſemblera.

X. Défenſes aux Propriétaires des Jumens qui en auront de galeuſes, de les laiſſer aller aux Pâturages avec les Jumens ſaines, à peine de confiſcation deſdites Jumens galeuſes, & de vingt livres d'amende contre chacun deſdits Propriétaires, au profit du dénonciateur, & la même choſe contre les Propriétaires des Chevaux morveux, qui les envoyeront dans les Pâtures publiques.

XI. Défenſes aux Propriétaires des Pouliches, de les faires couper à quelque âge que ce ſoit, & à tous Maréchaux & autres Particuliers de faire pareilles opérations, ſans une permiſſion par écrit du Commiſſaire, à peine de cinquante livres d'amende contre les contrevenans, applicable moitié au profit du dénonciateur, & moitié au profit de l'Hôpital le plus prochain.

XII. Ordonne Sa Majeſté, que les Poulains entiers, d'un an & au-deſſus, qui ſeront ſurpris dans les Pâturages mêlés parmi les Cavales, ſans être entravez du pied de devant à celui de derriere, en croiſant, ſeront confiſquez & hongrez par le premier Maréchal des lieux, aux dépens des Propriétaires, leſquels ſeront en outre condamnés en vingt livres d'amende, ſans déport, le tout applicable au profit du dénonciateur.

XIII. leſdits Poulains entiers ſeront tenus dans des Pâtures ſéparées ou fermées, & ſans aucune communication avec les Jumens, dans les communs Uſages & Pâturages, pendant le tems de la monte ſeulement, ſous les mêmes peines ci-deſſus.

XIV. Défenſes aux Propriétaires des Poulains, de les aller prendre dans les Pacages pendant la nuit, pour faire ſaillir leurs Jumens & autres, à peine de confiſcation deſdits Poulains, & de trois cens livres d'amende, applicable moitié au dénonciateur, & moitié au profit du Garde Etalon le plus prochain.

TITRE VI.

Propriétaires des Bouriquets autrement appellés Animaux.

ARTICLE PREMIER.

DEFFENSES à toutes Perſonnes, de quelque condition qu'elles puiſſent être, de tenir aucuns Bouriquets pour ſervir les Cavales, qu'ils n'ayent été vûs & approuvés par les Commiſſaires Inſpecteurs, qui en donneront leurs certificats aux Particuliers, dans leſquels ils feront mention de l'âge, poil & taille deſdits Animaux, à peine contre les contrevenans, de confiſcation de leurs Bouriquets, & de trois cens livres d'amende, applicable moitié au profit du dénonciateur, & moitié à celui de la Caiſſe des Haras.

II. Les Commiſſaires Inſpecteurs ne pourront accorder leſdites permiſſions qu'aux ſeuls Gardes Etalons chargés de Chevaux approuvés, & ce dans les Provinces où il plaira à Sa Majeſté autoriſer cet établiſſement, à peine d'en répondre.

III. Les Gardes Etalons ne pourront faire ſaillir par leſdits Animaux aucunes Cavales au-deſſus de quatre pieds, à prendre de l'extrêmité de la criniere près le garot, juſqu'à la couronne du pied, à peine de confiſcation de leurs Bouriquets & de vingt livres d'amende, applicable moitié au profit du dénonciateur, & moitié au profit de la Caiſſe des Haras

IV. Défenſes aux Propriétaires des Jumens au-deſſus de quatre pieds, de les mener aux Bouriquets, à peine de confiſcation deſdites Cavales & de vingt livres d'amende pour chaque contravention, applicable comme deſſus, ſi ce n'eſt en vertu de permiſſion par écrit du Commiſſaire Inſpecteur.

V. Défenſes à toutes perſonnes de laiſſer aucuns Mulets ni Baudets paître avec les Jumens, s'ils ne ſont entravés d'un pied de devant à un de derriere, en croiſant; en ſorte qu'ils ne puiſſent les courir, à peine de confiſcation deſdits Mulets & Baudets, & de vingt livres d'amende au profit du dénonciateur.

VI. Le Droit pour la ſaillie des Jumens par les Bouriquets ayant été exigé d'une maniere aſſés arbitraire par les Propriétaires deſdits Animaux, depuis vingt ſols juſqu'à un écu, dans les differens Départemens, Sa Majeſté ordonne aux Intendans & Commiſſaires départis, de rendre leurs Ordonnances dans quinzaine du jour de la publication du préſent Réglement, pour fixer cette retribution d'une maniere égale, avec défenſes aux Gardes Etalons ou Propriétaires deſdits Animaux, de rien exiger au-delà, à peine de vingt livres d'amende, au profit du dénonciateur.

TITRE VII.

Maires, Echevins, Conſuls, Syndics & Collecteurs des Paroiſſes.

ARTICLE PREMIER.

VEUT Sa Majeſté, que dans un mois du jour & date du préſent Réglement, & pour les années ſuivantes, au premier Avril de chacune d'icelles, à la diligence des Maires, Echevins, Jurats, Conſuls, Lieutenans, Députés, Dégants, Procureurs-Syndics, Fabriquants, Tréſoriers, Marguilliers & Collecteurs des Villes, Bourgs & Paroiſſes, il ſoit fait un Rolle ſigné & certifié d'eux, contenant le nombre des Jumens qui ſe trouveront dans chaque Paroiſſe, dans lequel ils ſpécifieront, au vrai, leur âge, poil, hauteur, épaiſſeur & le nom & domicile des Particuliers, de quelque qualité & condition qu'ils ſoient, tant Eccléſiaſtiques, Nobles, Privilégiés ou Roturiers à qui elles appartiennent, avec la quantité & qualité de Prés, Herbages, Pâturages, Pacages, Uſages, Marais, Bruyeres & Landes qu'ils poſſedent, ſur la déclaration qui leur en ſera faite & ſignée par chacun deſdits Habitans, ſans y rien omettre, à peine, contre leſdits Particuliers qui réfuſeront de le faire, ou qui auront fait de fauſſes déclarations, de vingt livres d'amende applicable moitié au profit du dénonciateur, & l'autre moitié à l'Hôpital le plus prochain.

II. Enjoint auxdits Conſuls, Syndics & autres ci-deſſus dénommés, de remettre leſdits Rolles dans les mêmes délais, ſelon la formule en fin du préſent Réglement, aux Subdélégués des Intendans & Commiſſaires départis; Et faute par eux d'y ſatisfaire, ils y ſeront contraints par empriſonnement de leurs perſonnes, & condamnés, chacuns en leurs propres & privés-noms, en cinquante livres d'amende, applicable moitié au profit de la Caiſſe des Haras, & moitié à l'Hôpital le plus prochain.

III. Veut Sa Majeſté, que par leſdits Subdélégués il ſoit dreſſé chaque année un État des Communautés qui n'auront point ſatiſfait à ce qui leur eſt preſcrit ci-deſſus, pour être ledit État par eux envoyé aux Intendans & Commiſſaires départis, à peine contre leſdits Subdélégués d'en répondre en leurs propres & privés-noms.

IV. Ils fourniront leurs Certificats de remiſe deſdits Rolles aux Syndics & autres qui les leur auront remis, leſquels ils envoyeront aux Intendans & Commiſſaires départis, qui chargeront les Commiſſaires Inſpecteurs d'en dreſſer un État général pour chaque Département.

V. Veut Sa Majeſté, que le préſent Réglement, enſemble la Déclaration du 22 Septembre 1709, touchant les Priviléges des Gardes Etalons, ſoient & demeurent ès Greffes ou Archives des Communautés & Paroiſſes où il ſe trouve des Etalons approuvés, & que lecture ſoit faite tous les ans, à la ſortie des Meſſes Paroiſſiales, des Articles qui concernent la Police de cet établiſſement, à peine contre les Conſuls & Syndics de vingt livres d'amende applicable au luminaire deſdites Paroiſſes.

VI. Enjoint auxdits Maires, Consuls & Syndics, de donner communication de leurs Registres ou Cadastres aux Commissaires desdits Haras toutesfois & quantes qu'ils en seront par eux requis, par rapport aux vérifications qu'ils auront à faire du nombre d'arpens de Prés, Pâturages, Pacages, Marais & Bruyeres appartenant aux Habitans de leurs Paroisses ou Communautés, à peine de désobéïssance.

TITRE VIII.

Gardes Haras.

ARTICLE PREMIER.

LES Gardes Haras seront présentés aux Intendans & Commissaires départis, par les Commissaires Inspecteurs; ils prendront une Commission desdits Intendans auxquels ils prêteront serment, & joüiront des Priviléges des Gardes Etalons, aux termes de la Déclaration du 22 Septembre 1709, & du présent Réglement.

II. Ils recevront leurs instructions des Commissaires Inspecteurs & seront à leurs ordres pour tout ce qui concernera le service des Haras.

III. Ils feront toutes les saisies de Chevaux entiers, Poulains, Cavales, Baudets & Mulets, dans tous les cas de contravention au présent Réglement, dont ils dresseront leurs procès-verbaux, qu'ils remettront auxdits Commissaires Inspecteurs, à la diligence desquels toutes poursuites seront faites; Ils feront à cet effet les sommations nécessaires aux contrevenans & opposans, de comparoître devant les Intendans & Commissaires départis, pour se voir condamner aux peines par eux encouruës, & en leurs frais & dépens.

IV. Ils profiteront de la part des dénonciateurs dans tous les cas de confiscation & amende, lorsqu'ils auront surpris eux-mêmes les Particuliers en faute, & justifié des contraventions dont il sera question, Sa Majesté se reservant de leur faire des gratifications selon le merite de leurs diligences, sur les Recettes extraordinaires au profit desdits Haras.

V. Enjoint aux Maires, Echevins & Consuls des Villes, Bourgs

& Paroiſſes, de ſe tranſporter dans l'étenduë de leurs diſtricts, lorſqu'ils en ſeront requis par leſdits Gardes Haras, & de leur donner toute aſſiſtance & main forte en cas de beſoin, à peine de déſobéïſſance.

TITRE IX.

Huiſſiers & Sergens.

ARTICLE PREMIER.

ENJOINT à tous Huiſſiers & Sergens de ſe tranſporter par tout où ils ſeront appellés, à la requiſition des Commiſſaires Inſpecteurs, Sous-Inſpecteurs, Viſiteurs des Haras & des Gardes Etalons, pour toutes Saiſies, Sommations, injonctions, Défenſes, Commandemens & autres Actes, Exploits & Executions, à la requête de qui il appartiendra, en vertu du preſent Reglement & des Executoires des Intendans & Commiſſaires départis contre les contrevenans, & de fournir leur procès-verbaux touchant leſdites contraventions & pourſuites, aux Commiſſaires Inſpecteurs, à peine de tous dépens, dommages & intérêts procedans du retardement, & d'interdiction qui ſera prononcée par les Intendans & Commiſſaires départis, ſur les procès-verbaux de plainte des Commiſſaires Inſpecteurs ou des Gardes Etalons, ſignés de deux témoins.

II. Sa Majeſté entend à l'égard des confiſcations & amendes prononcées contre les contrevenans au preſent Reglement, que tous les frais qui auront été faits pour y parvenir, ſeront préalablement pris & prelevés.

III. Défenſes à tous Huiſſiers & Sergens de faire aucune ſaiſie des Jumens compriſes aux Rolles des Commiſſaires Inſpecteurs, pour être ſervies par les Etalons approuvés, & des Poulains qui en ſeront provenus, pour quelque dette que ce puiſſe être, ſinon dans les cas où leſdites Jumens ſe trouveroient encore dûës aux Vendeurs, ou pour raiſon des Droits qui ſeroient dûs aux Gardes Etalons pour le ſaut deſdites Cavales, à peine de payer en leurs propres & privés-noms les Jumens qu'ils auroient ſaiſies & déplacées.

Veut Sa Majeſté, que le préſent Réglement & la Déclaration

du 22 Septembre 1709, soient gardés & observés dans tout le Royaume, abrogeant tous Arrêts, Ordonnances & Réglemens contraires aux dispositions y contenuës. Mande & ordonne aux Intendans & Commissaires départis dans les Provinces & Généralités, d'y tenir soigneusement la main, & de le faire publier dès-à-présent par tout où besoin sera, à ce qu'aucun n'en prétende cause d'ignorance. Enjoint pareillement aux Commissaires Inspecteurs des Haras de l'exécuter de point en point en ce qui les regarde. Fait à Paris le vingt-deux Février mil sept cens dix-sept. *Signé*, LOUIS. *Et plus bas*, PHELYPEAUX.

ENSUIVENT LES FORMULES.

PREMIERE formule de Soumissions de Particuliers qui s'obligent de fournir, de recevoir ou de remplacer un Etalon.

JE, soussigné, promets à M Commissaire Inspecteur des Haras au Département de d'acheter, à mes frais, avant le tems de la Monte prochaine, un Etalon de l'âge, tournure & qualité réquises pour le service des Jumens de ce Canton, & de lui représenter ledit Etalon à sa premiere revûë, pour être approuvé s'il y a lieu, & obtenir sur son Certificat la Commission de Garde Etalon, signée de Monsieur l'Intendant; A quoi je m'oblige, à peine d'être privé des Priviléges attachés à ladite Commission, & de cent livres d'amende au profit de la Caisse des Haras. Fait à le Et si le Garde ne sçait pas signer, il fera sa Marque en présence de deux témoins.

AUTRE.

JE, soussigné, promets à M Commissaire Inspecteur des Haras du Département de de recevoir un Etalon du Roi pour le service des Jumens de ce Canton, & d'en payer une plusvaluë de aussi-tôt qu'il m'aura été remis & confié, à la charge par mondit Sr. de me délivrer la Commission de Garde Etalon, signée de M. l'Intendant; Et faute par moi de satisfaire à la présente soumission, je m'oblige de payer entre les mains dudit Sr. Commissaire, la somme de cent livres au profit de la Caisse des Haras. Fait à le

AUTRE.

JE, soussigné, promets à M Commissaire Inspecteur des Haras au Département de d'acheter, à mes frais, avant le tems de la Monte prochaine, un Etalon de l'âge, tournure & qualité requises, en remplacement de celui que j'ai tenu jusqu'à présent, qui a été cassé comme inutile, pour le service des Haras, à quoi je m'oblige, à peine d'être privé des Privilèges attachés à ma Commission, & de cent livres d'amende au profit de la Caisse des Haras. Fait à le

SECONDE FORMULE.

Certificat du Commissaire Inspecteur pour un Garde Etalon, dont ledit Commissaire a approuvé le Cheval.

NOUS, Commissaires Inspecteurs des Haras au Département de certifions que le de la Paroisse de Election de ou Bailliage de ou Evêché de Nous a présenté un Cheval entier de tel Pays de la hauteur de âgé de sous poil marqué beau & bien tourné, qu'il désire faire servir d'Etalon pour les Jumens de son Canton qui sont en nombre suffisant & de taille à produire de beaux Poulains, & que ledit est très-entendu au fait de ce service. Pourquoi Nous supplions M. l'Intendant de vouloir bien lui accorder la Commission de Garde Etalon qui lui est nécessaire pour se faire reconnoître en ladite qualité, & joüir de tous les Droits, Privilèges & Exemptions attachés à ladite Commission, s'obligeant ledit de se conformer aux Ordonnances & Instructions données sur le fait des Haras, dont Nous lui avons remis un Exemplaire qu'il a lû en notre présence. Fait à le

Si c'est un Cheval du Roi que le Commissaire lui doive fournir pour une somme convenuë, ou s'il promet d'en présenter un pour la Monte lors prochaine, ou par remplacement, le Certificat sera libellé conformément à la soumission.

TROISIÉME FORMULE.

Commission des Sieurs Intendans pour un Garde Etalon.

DE PAR LE ROI.

Noms & qualités des Intendans.

SA Majesté Nous ayant confié le soin des Haras dans toute l'étenduë de notre Département, & chargé du choix de Sujets capables & intelligens sur le fait des Chevaux, pour tenir les Etalons qu'elle veut bien faire distribuer, ou qu'elle Nous permet d'approuver, Nous avons été informés que tel demeurant dans la Paroisse de Election de ou Baillage, ou Evêché de a fait acquisition d'un Cheval, sous poil âgé de de pieds pouces de hauteur, d'une moule & d'une tournure à produire de belles Races, & qu'il désiroit avoir notre permission de le tenir à titre de Garde Etalon, pour le Service des Jumens de son Canton, & obtenir sur ce notre Commission. Vû le Certificat donné en faveur dudit par M. Commissaire Inspecteur des Haras au Département de portant que ledit Cheval a toutes les qualités ci-dessus, que ledit est très-capable d'en prendre un soin particulier, & qu'il a une connoissance entiere de ce Service; Que d'ailleurs dans ladite Paroisse & celles qui l'avoisinent, il s'y trouve de fort belles Jumens de taille, & propres à produire de beaux Poulains; Que les Pâturages y sont bons & en quantité suffisante, suivant le dénombrement qui en a été fait par ledit S^r. Commissaire Inspecteur.

NOUS, en vertu du pouvoir qui Nous est attribué par le Réglement de Sa Majesté du 22 Février 1717, avons approuvé & approuvons ledit Etalon, pour le tenir en la Paroisse de pour la commodité publique & la perfection des Haras de notre Département. Ordonnons en conséquence que ledit sera par Nous taxé d'Office à la Taille, & pour raison des Impositions du Sel, de l'Ustencile, Dixiéme, Capitation & autres Contributions présentes & à venir, de quelque nature qu'elles puissent être; qu'il joüira de l'exemption de la Collecte des Tailles, de l'Impôt du Sel, Capitation, Dixiéme & autres nominations, par quelque recouvrement que ce puisse être; de l'exemption de Tutelle, Curatelle, nomination à icelles, Guet & Garde des Villes & Côtes, & de Logement de Gens de Guerre, de tous Convois, Fournitures de Chariots, Corvées & autres services des Troupes dans les Marches, de toutes charges publiques, & notamment de nomination au Syndicat; & que celui de ses Enfans ou le Valet auquel il aura confié le soin dudit Etalon, sera exempt de tirer aux Billets pour la Milice; Et qu'attendu ledit Privilége de l'exemption de Logement de Gens de Guerre, il ne pourra être compris dans les Rolles des Collecteurs, pour raison de l'Imposition apellée petit Ustencile & bien vivre des Cavaliers en quartier d'Hyver dans notre Généralité, & dispensé de l'enregistrement de la présente Commission qui aura son effet de ce jourd'hui; Et joüira en outre de trois livres & un Boisseau d'Avoine pour le saut de chaque Jument.

Enjoignons audit d'observer les Réglemens & Instructions donnés sur le fait des Haras, & de suivre exactement tout ce qui lui sera prescrit & ordonné par ledit sieur Commissaire Inspecteur, pour le bien, la perfection & le bon ordre desdits Haras, sans y contre-venir directement ni indirectemeut, sous les peines portées par ledit Réglement.

Mandons au sieur notre Subdélégué à de tenir la main à ce que led. soit maintenu dans la joüissance de ses Priviléges, conformément à la Déclaration du Roi du 22 Septembre 1709, & au Réglement du 22 Février 1717, & de Nous rendre compte du trouble qui pourroit y être apporté, à peine d'en répondre. Fait le

S'il s'agit d'un Cheval du Roi donné ou approuvé par le Commiſſaire, la Commiſſion ſera libellée en conformité de la Soumiſſion du Garde Etalon & du Certificat du Commiſſaire des Haras.

QUATRIÉME Formule pour la reconnoiſſance générale & particuliere des Départemens.

ÉTAT

De la Viſite des Communautés & Lieux particuliers du Département de par rapport à l'établiſſement des Haras

Election de Baillage ou Evêché de	Noms des Communautés ou Paroisses.	Noms des Rivieres ou Ruisseaux qui arrosent lesdites Paroisses.	Nombre des Particuliers qui ont des Jumens.	Jumens de la premiere Classe.	Jumens de la seconde Classe.	Jumens de la troisième Classe.

Total desdites Jumens.	Prés, la qualité d'Arpens.	Herbages à engraisser, la quantité d'Arpens.	Pâturages, la quantité d'Arpens;	Pacages, Marais, Landes, ou Communs, suivant les differentes dénominations des Païs.	Total de la quantité d'Arpens.	Noms des Foires aux Chevaux qui sont à portée desdites Paroisses, & les jours qu'elles se tiennent.	L'espéce d'Etalon cōvenable par raport à celle des Jumens, & nourri, de chaque Paroisse.

Cette Formule ſera envoyée aux Maires, Conſuls & Syndics des Paroiſſes, & accompagnée d'une Lettre deſdits Sieurs Intendans, pour leur expliquer qu'ils doivent remettre leſdits Etats certifiés d'eux & en bonne forme, aux Subdélégués, auxquels il ſera donné avis de l'envoi deſdits Ordres, afin qu'ils puiſſent tenir la main à l'exécution des intentions du Roi à cet égard. Leſdits Sieurs Intendans joindront à la préſente Formule un Extrait du Réglement des Haras pour ce qui concerne les obligations deſdits Maires, Conſuls & Syndics. Il n'y aura que le Titre à changer à cette Formule, qui doit ſervir au Commiſſaire pour ſon Département en général, & aux Conſuls & Syndics pour une Paroiſſe en particulier.

CINQUIÉME Formule du Rolle des Jumens des Paroiſſes qui compoſent le diſtrict d'un Garde Etalon, qu'il eſt tenu de remettre au Commiſſaire Inſpecteur avant le tems de la Monte.

Paroiſſes.	NOMS des Propriétaires.	NOMBRE des Jumens.	TAILLE.	POIL.	AGE.

Total deſdites Jumens, . . .

Fait & certifié véritable par Nous, Garde Etalon de la Paroiſſe de à le

F.

SIXIÉME Formule du Rolle des Cavales qui feront envoyées à l'Etalon qui eft à la garde de dans la Paroiffe de pendant la préfente année 17

SÇAVOIR,

	PAROISSES.	POIL.	TAILLE.	AGE.
La Cavale de				
La Cavale de				
La Cavale de				
TOTAL...				

Tous les Propriétaires des Cavales comprifes au préfent Rolle font avertis de les amener à l'Etalon ci-deffus défigné, & de payer audit Garde Etalon trois livres & un Boiffeau d'avoine, mefure de Paris, pour les trois fauts de chaque Cavale qui n'aura pas retenu la premiere fois, à peine de cinquante livres d'amende & de confifcation defdites Jumens, s'ils les font couvrir par d'autres Chevaux, applicable au profit dudit Garde Etalon, conformément au Réglement des Haras, outre fes droits ordinaires; Enjoint au Syndic de ladite Paroiffe de lire le préfent Rolle trois Dimanches confecutifs, pendant le tems de la Monte, à la Porte de l'Eglife, à l'iffuë de la Grand'Meffe. Fait triple à le

SEPTIÈME FORMULE DE L'EXTRAIT du Rolle ci-deſſus, pour être envoyé dans les Paroiſſes qui avoiſinent celle où l'Etalon eſt établi, afin que les Propriétaires des Cavales compriſes audit Rolle n'en puiſſent prétendre cauſe d'ignorance.

IL eſt ordonné à de la Paroiſſe de d'amener ſ Cavale à l'Etalon qui eſt à la Garde de dans la Paroiſſe de à la monte prochaine, & de lui payer trois livres & un Boiſſeau d'Avoine, meſure de Paris, pour les trois ſauts de chaque Cavale qui n'aura pas retenu la premiere fois, à peine de cinquante livres d'amende & de confiſcation de ladite Cavale, s'il la fait couvrir par d'autres Chevaux, applicable au profit dudit Garde-Etalon, conformément au Reglement des Haras, outre ſes droits ordinaires. Fait à le

HUITIÉME FORMULE DU ROLLE QUE LE ROI ordonne aux Gardes Etalons d'obſerver ſoigneuſement, touchant la ſaillie des Cavales qui ſeront amenées aux Etalons dont ils ſont chargés.

On repetera le Rolle des Jumens annerées auxd. Etalons.	POULAINS nés de la derniere monte.	POULICHES nées de la derniere monte.	JUMENS AVORTÉES.	Jumens mortes ou vendues par les Propriétaires, depuis la confection du Rolle.
La Jument de				
La Jument de				
La Jument de				
La Jument de				
TOTAL. des Jumens.				

FAIT & certifié veritable par Nous, Garde Etalon de la Paroiſſe de aux peines du Réglement du Roi, concernant les Haras; à le

NEUVIÉME formule d'Ordre d'avertiſſement aux Habitans d'une Paroiſſe de préſenter aux jour & lieu marqués, leurs Jumens au Commiſſaire Inſpecteur, par raport au choix qu'il doit faire de celles qui ſeront ſervies par l'Etalon de ladite Paroiſſe.

DE PAR LE ROI.

QUALITÉS DES SIEURS INTENDANS.

IL eſt ordonné aux Habitans de la Paroiſſe de Election, Bailliage ou Evêché de de quelque qualité & condition qu'ils ſoient, de faire trouver leurs Cavales le tel jour, en tel lieu où M Commiſſaire Inſpecteur des Haras du Département a ordre de ſe trouver, pour dreſſer le Rolle des Cavales qui doivent être ſervies par l'Etalon de la Paroiſſe de au temps de la Monte prochaine, à peine, contre les particuliers qui y auront manqué, de dix livres d'amende. Enjoint aux Conſuls & Syndics de ladite Paroiſſe de faire afficher le préſent ordre à la Porte de l'Egliſe Paroiſſiale, au moment de ſa Réception, à peine d'en répondre. Fait à

DIXIÉME Formule de Procès-verbal de la
Procès-verbal de la premiere Visite des

NOMS DES PAROISSES.	NOMS DES GARDES ETALONS.	ETALONS ROYAUX.	ETALONS APPROUVÉS.

premiere Visite du Commissaire Inspecteur.
Haras du Département de Année 17

PAYS des ÉTALONS.	TAILLE, PIEDS ET POUCES.	POIL, âge ET QUALITÉ'S.	ANNÉES DE SERVICE.	Changemens arrivés depuis la précédente Visite.

RÉCAPITULATION.

	Année 17	Année 17	Augmentation.	Augmentation.
ÉTALONS ROYAUX.				
ÉTALONS APPROUVÉS.				
TOTAUX. . .				

FAIT & certifié par Nous, Commissaires des Haras, à le 17

Vû

ONZIÉME

ONZIÈME Formule d'Ordre d'Avertissement aux Gardes Etalons pour la Revuë du Sieur Intendant, lors du Département des Tailles.

DE PAR LE ROI.

QUALITÉS DUDIT SIEUR INTENDANT.

IL est ordonné au Sr. ou au nommé Garde Etalon de la Paroisse de de se trouver tel jour, telle heure, en tel lieu, avec son Cheval ou ses Chevaux, pour y passer en revuë devant Nous, & en présence de M. Commissaire Inspecteur, & de Nous représenter le Rolle de la quantité des Cavales qui ont été servies à son Haras pendant la derniere Monte, & des Poulains & Pouliches provenus de la Monte précédente, suivant la Formule qui lui en a été fournie par ledit Sieur Commissaire Inspecteur, à peine d'être privé des Priviléges accordés aux Gardes Etalons & de trente livres d'amende. Fait à le 17

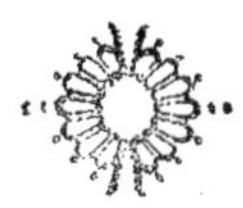

Si le Garde Etalon tient un ou plusieurs Bouriquets, il lui sera ordonné de représenter pareillement le Rolle de la Saillie desdits Animaux & de leur produit.

DOUZIÉME Formule de Procès-verbal de la seconde Visite du Commissaire Inspecteur.

Procès-verbal de la seconde Visite des haras du Département de

Année 17

NOMS des PAROISSES.	NOMS des Gardes Etalons.	ÉTALONS ROYAUX.	ÉTALONS APPROUVÉS.

JUMENS faillies.	POULAINS nés.	POULICHES nées.	TOTAL des Poulains. & Pouliches.	ETALONS à remplacer.

RÉCAPITULATION.

	Année 17	TOTAL.	Année 17	TOTAL.	Augmentation.	Diminution.
ETALONS Royaux. ETALONS approuvés.	}		}			
Jumens sautées à la monte derniere.						
Poulains nés de la monte de l'année précédente.						
Pouliches nées *idem.*	}		}			

Fait & certifié par Nous, Commissaires des Haras le 17

Vû

TREIZIEME Formule de l'Etat des Foires de Chevaux qui se tiennent dans l'étenduë du Département de

Noms des Elections, Bailliages ou Evêchés.	Noms des lieux où se tiennent les Foires.	Les jours & mois auxquels se tiennent lesdites Foires.	La quantité à peu près de Chevaux & de Poulains qu'on mene à chacune Foire.	De quel Païs & Canton on les amene.	De quelles especes & les usages auxquels ils sont propres.	Le prix ordinaire des Poulains, depuis un an jusqu'à trois.

FAIT à Paris le vingt-deuxiéme jour de Février mil sept cens dix-sept. *Signé*, LOUIS. *Et plus bas*, PHELYPEAUX.

LETTRES PATENTES
DU ROI

SUR le Réglement rendu pour le Service des Haras du Royaume.

Données à Paris le 22 Février 1717.

LOUIS, par la grace de Dieu, Roi de France & de Navarre : A nos amés & féaux Conseillers en nos Conseils, les Intendans & Commissaires départis pour l'exécution de nos Ordres dans les Provinces & Généralités de notre Royaume, SALUT. Nous avons, par notre Réglement de ce jourd'hui, ordonné ce que Nous voulons être observé à l'avenir pour le Service des Haras dans l'étenduë de notre Royaume ; Et comme par nos Arrêts des 28 Octobre 1683, & 21 Mai 1695, & notre Déclaration du 22 Septembre 1709. Nous vous avons particulierement attribué la connoissance & Jurisdiction de tout ce qui concerne lesdits Haras & les Priviléges des Gardes Etalons, avec pouvoir de rendre vos Ordonnances, sauf l'appel en notre Conseil, Nous désirons que vous donniez la même attention à l'exécution dudit Réglement. A CES CAUSES, de l'avis de notre très-cher & très-amé Oncle le Duc d'Orleans Regent, de notre très-cher & très-amé Cousin le Duc de Bourbon, de notre très-cher & très-amé Oncle le Duc du Maine, de notre très-cher & très-amé Oncle le Comte de Toulouse, & autres Pairs de France, grands & notables Personnages de notre Royaume, Nous vous mandons & ordonnons de faire garder & observer, selon sa forme & teneur, ledit Réglement ; Ensemble les Formules ci-attachées sous le contre-Scel de notre Chancellerie ; Et que vous ayez à le faire lire & publier par tout où besoin sera, chacun dans l'étenduë de votre Département, sans permettre qu'il y soit contrevenu en quelque sorte & maniere que ce puisse être, nonobstant tous autres Arrêts, Ordonnances & Réglemens à ce contraires. Voulons qu'aux copies dudit Réglement desdites Formules & des présentes dûëment collationnées par l'un de nos amés & féaux Conseillers-Sécrétaires foi soit ajoûtée comme à l'Original CAR tel est notre plaisir. Donné à Paris le vingt-deuxiéme jour de Février 1717. Et de notre Regne le second. *Signé*, LOUIS. *Et plus bas*, par le Roi, le Duc D'ORLEANS Regent, présent. PHELYPEAUX.

MEMOIRE

MÉMOIRE

Du Conseil du dedans du Royaume, pour servir d'instruction à Messieurs les Intendans & Commissaires départis dans les Prvoinces du Royaume, touchant le retablissement des Haras.

L'EPUISEMENT de Chevaux dans lequel les dernieres Guerres ont mis la France, & la nécessité d'y faire renaître l'abondance, tant pour l'utilité du Commerce intérieur, que pour le service des Troupes du Roi en Paix & en Guerre, demanderoient peu de discours pour prouver de quelle importance il est pour le bien de l'Etat de s'appliquer au rétablissement des Haras, si l'exemple du passé & le préjudice extrême que le Royaume a souffert de l'abandon où ils ont été par le défaut de secours nécessaires, n'exigeoient de traiter la matiere en détail & d'expliquer les Régles que l'on doit suivre dans une affaire de cette conséquence, la possibilité dans l'exécution & les avantages qui en resulteront.

Messieurs les Intendans conviendront sans peine, que rien n'est plus nécessaire au Royaume que l'éleve de Chevaux de toutes especes pour ses besoins ; & que dans les États les mieux gouvernés, on les y compte au nombre des premieres richesses.

Que le manque de Chevaux a fait connoître ces vérités d'une maniere bien sensible dans ces derniers tems, où l'on s'est vû reduit à traiter, l'argent à la main, avec des Juifs pour tous les besoins de la Cavalerie, des Dragons, de l'Artillerie, des Vivres & même de la Maison du Roi, d'où il s'est ensuivi la nécessité de recevoir de toutes mains & de prendre au hasard des Chevaux très-médiocres, pour ne pouvoir trouver mieux, & de voir sortir du Royaume des sommes immenses, qui, non-seulement y seroient demeurées si le Royaume s'étoit trouvé peuplé de Chevaux ; mais qui par une circulation néceſſaire ſe ſeroient repanduës en une infinité de mains & auroient maintenu les peuples dans l'abondance & dans le pouvoir d'acquitter les Charges de l'Etat.

Les Gens de Guerre du premier Ordre & une infinité de Marchands de Chevaux & autres, conſultez ſur ce ſujet, ont eſtimé cette évacuation à plus de cent millions pendant les deux dernieres Guerres, pour les Remontes ſeulement. Ce ſeul objet eſt d'une aſſés grande conſidération pour devoir attirer l'attention de Meſſieurs les Intendans, ſans parler des Chevaux de Caroſſe que l'on tire d'Hollande & des Païs-bas, pour l'uſage des Particuliers.

Le Royaume ne recevra pas une moindre utilité de la fourniture des Chevaux de Maître, ſi l'on s'applique à en multiplier & perfectionner l'eſpece. On ſçait que les Princes, les Seigneurs & beaucoup de Particuliers ont peine à en trouver de la beauté dont ils les déſirent ou de convenables à l'exercice de la Chaſſe, & qu'ils ſont obligés d'en envoyer chercher à l'Etranger, ce qui enleve encore des ſommes conſidérables du Royaume, plus propre néanmoins qu'aucun autre à ſe fournir par lui-même de plus beaux Chevaux, ſoit en Coureurs, Chevaux de Chaſſe & de Manége, Chevaux de Guerre, d'Artillerie & des Vivres. On ne peut ſe flatter, à la vérité, d'élever des Chevaux de Caroſſe de la Taille de ceux d'Hollande, de Friſe & d'Allemagne; mais on les aura aſſés forts, ſi l'on veut & aſſés beaux, pour le ſervice des Particuliers, qui peu à peu & par la facilité de les avoir à meilleur compte, perdront inſenſiblement le goût des Chevaux Etrangers, quoique plus élevés que ceux de France.

Si le ſuccès des Haras dépend particulierement de la nature du nourri & du fond du terrain, de la taille, qualité & tournure des Jumens; tout cela ſe trouve en France, chaque Province a ſes propriétés; & ſi elles different d'un Canton à l'autre dans la même Province, il ne s'agit que de connoître l'eſpece d'Etalons qui convient à chaque Canton, & de profiter de tous les avantages qui peuvent concourir au ſuccès de cet établiſſement.

Des Chevaux Anglois, Turcs, Barbes ou Arabes de la grande taille, Eſpagnols de véritable race de Caſtille & d'Andalouſie, de

Dannemarck, de Pruſſe & les plus beaux Rouſſins de Friſe, fourniront des Souches admirables avec des Cavales choiſies ; l'on peut alléguer que dans un Etat auſſi peuplé & auſſi étendu que l'eſt le Royaume de France, on a beſoin de toutes ſortes de Chevaux & de toutes eſpeces & pour tous les differens uſages. Mais avec toutes les reſtrictions, aſſujettiſſemens & précautions ordonnés par le nouveau Réglement pour parvenir à n'avoir que de beaux Chevaux, il en échappera encore aſſés de ceux qu'on peut appeller manqués, & qui ſont par conſéquent à l'uſage des gens de la Campagne, pour fournir à leurs beſoins ; on ne peut même empêcher que ceux qui auront des Jumens qui n'auront point été compriſes dans les Rolles des Commiſſaires pour être couvertes par les Etalons du Roi ou approuvés, n'en faſſent l'uſage qu'ils jugeront à propos, & qu'ils ne les faſſent ſervir par les Chevaux entiers à eux appartenans ; & comme tous les Cantons d'une Province ne ſont point également aſſujettis aux Haras, par le défaut d'Etalons ou autrement, il reſtera toujours une aſſés grande étenduë de Païs dans le Royaume, pour en tirer des Chevaux mediocres au-delà des beſoins.

Il eſt certain que l'eſpece de beaux Chevaux devenant plus commune, le prix en deviendra moindre de jour en jour ; que les terres en ſeront mieux cultivées, les voitures à meilleur compte, les Officiers fort ſoulagés, les Charges de l'Etat mieux acquittées, & les Eſpeces d'Or & d'Argent dans leur mouvement naturel, avec certitude qu'elles ne paſſeront plus à l'Etranger pour nos propres beſoins dans ce genre.

La rareté des Chevaux bons en France ne vient donc point du défaut du Païs, ou de bonne nourriture, ou pour n'avoir pas reçû de la nature les moïens néceſſaires ; le mal vient du peu d'attention que l'on y a donné ; ainſi, en quelque foible reputation que les Haras ſoient en France, on les y peut voir fleurir, au point même de la plus grande perfection, dès que Meſſieurs les Intendans y travailleront avec le zéle, le goût & l'application qu'ils ont pour tout ce qui regarde le bien public & le ſervice du Roi.

Après ces premieres idées de l'importance du retabliſſement des Haras & de la poſſibilité de leur réüſſite, le Conſeil a jugé néceſſaire d'expliquer quelles ſont les intentions du Roi, pour les mettre en état de remplir tout ce que Sa Majeſté attend en cela de leur miniſtere.

ARTICLE PREMIER.

Comme l'achat & la nourriture des Etalons, avec la dépenſe de l'entretien d'un valet, deviendroient extremement à charge & onereux à ceux qui en ſont chargés, s'ils n'en étoient pas, en quelque façon, dédommagés par des graces particulieres, le Roi a bien voulu leur accorder pluſieurs Priviléges par divers Arrêts du Conſeil & Déclaration, outre la retribution de 3 liv. & un Boiſſeau d'Avoine pour la ſaillie de chaque Jument, leſquels Priviléges ſont tous rapportés au titre IV. du nouveau Réglement des Haras, en date du 22 Février 1717. avec les additions qu'il a plû a Sa Majeſté d'y inſerer, pour marquer d'autant plus ſon attention envers les Gardes Etalons, & le déſir qu'Elle a de procurer, par tous moyens, l'avancement & la perfection de cet établiſſement.

II. Le bon ou le mauvais ſuccès des Haras dépendra toûjours de l'execution de ces Priviléges & de la protection que les Gardes Etalons trouveront auprès de Meſſieurs les Intendans pour leur en aſſûrer la jouiſſance, & il eſt important pour cet effet de les entendre. Pluſieurs Gardes Etalons ſe ſont plaints en differens tems, de ce que les Tailles étant diminuées, leur taxe d'Office ne l'étoit point à proportion, qu'ils demeuroient à leur premier taux, quoique ſujets à être augmentés au ſol la liv. des augmentations ordonnées dans l'impoſition des Tailles ; & qu'il étoit également juſte de les ſoulager au premier cas, toûjours à proportion de leurs tenures, facultés ou exploitations ; ſur quoi le Conſeil recommande à Meſſieurs les Intendans d'écouter favorablement les remontrances qu'ils recevront de leur part ſur ce ſujet, & de leur rendre toute la juſtice qu'ils croiront leur être dûë.

III. Les Collecteurs, Syndics & Habitans des Paroiſſes ſe portent aiſément, par un eſprit d'envie, à troubler & inquiéter les Gardes Etalons dans leurs Priviléges, n'ayant plus le pouvoir ni de les impoſer ni de les nommer Collecteurs à leur tour, comme ils en avoient la liberté avant l'ordre qui vient d'être établi à cet égard; ils ne veulent point voir dans leur Paroiſſe un homme diſtingué par des avantages qu'ils regardent comme une charge pour eux, quoiqu'on leur démontre clairement le benefice qu'apporte aux particuliers l'établiſſement d'un Etalon dans une Paroiſſe, & que la taxe d'Office du Garde Etalon eſt le plus ſouvent auſſi forte que l'impoſition où il étoit les années precédentes. Cette jalouſie les porte enfin à toutes ſortes de mauvaiſes procédures qu'ils entreprennent contre lui, pour le dégoûter de ſon Employ & l'obliger à ſe défaire de ſon Cheval, ce qui influë ſur toute une Election, & empêche les autres Habitans de ſe préſenter pour Gardes Etalons, dans la crainte de ſe voir expoſés à de ſemblables vexations.

IV. Cependant il ne ſera pas moins néceſſaire de veiller à ce que leſdits Gardes Etalons ne puiſſent abuſer des avantages qui leur ſont accordés; le Roi y a pourvû par ſes Déclaration & Réglement des 22 Septembre 1709. & 22 Février 1717. autant qu'il a été poſſible; Et le Conſeil eſt bien perſuadé que Meſſieurs les Intendans ſçauront prévenir avec ſageſſe les autres inconveniens que l'on n'a pû prévoir, ſoit dans l'abus trop fréquent deſdits Priviléges, ſoit que leſdits Gardes Etalons ſe trouvaſſent allarmés des ſujections qui leur ſont impoſées par leſdites Déclaration & Réglement, en leur faiſant entendre qu'il n'eſt point queſtion d'innovations ni de rien de contraire à la pleine jouiſſance de leurs Priviléges, dans laquelle le Roi entend qu'ils ſoient toûjours maintenus, mais ſeulement d'empêcher qu'ils ne puiſſent abuſer des graces que Sa Majeſté veut bien leur accorder à titre de Gardes Etalons.

V. C'eſt dans ce même eſprit, & pour arrêter la liberté de multiplier, ſans néceſſité, le nombre des Etalons au-delà de celui qui peut être néceſſaire pour l'entretien des Haras; que Sa Majeſté a ordonné qu'il n'en ſeroit approuvé aucun ſans un orde par écrit de Meſſieurs les Intendans, & ſeulement dans les lieux & les cas où ils le jugeront néceſſaire par rapport au nombre de Jumens, obſervant que chaque Etalon n'ait que trente à trente-cinq Jumens à ſervir, & que lorſqu'il s'y en trouvera un plus grand nombre, il puiſſe y être établi un ſecond Etalon, & en augmentant, à proportion du nombre des Jumens. Il eſt bien important que Meſſieurs les Intendans connoiſſent parfaitement la néceſſité de ces ſortes d'établiſſemens avant d'y donner la main, & même dans les Paroiſſes où il y auroit neceſſité d'établir deux Etalons par rapport à la quantité de Jumens à ſervir, d'obliger un ſeul particulier à ſe pourvoir de deux Chevaux pour diminuer d'autant le nombre des Privilégiés, & ôter tout prétexte de murmure aux Habitans qui ſe ſont plaints fort ſouvent que pluſieurs particuliers ne faiſoient approuver des Etalons que pour s'exempter des Charges publiques, ſans aucun fruit ni utilité pour le ſervice des Haras; ainſi Meſſieurs les Intendans ne ſçauroient trop s'attacher à connoître, avec la derniere preciſion, ce qui ſe paſſe à cet égard dans toute l'étenduë de leurs Départemens. Ils ne ſouffriront point non plus qu'il ſoit fait aucune Délibération de la part des Habitans des Villes, Bourgs & Villages pour le choix des Gardes Etalons, tant du Roi qu'approuvés, cette nomination leur étant abſolument reſervée & aux Commiſſaires.

VI. Quoique Sa Majeſté ne prétende apporter aucune contrainte ſur le ſujet de cet établiſſement, le Conſeil obſervera cependant à Meſſieurs les Intendans, qu'il ſe mêle ſouvent un eſprit de cabale parmi tous les Habitans d'une même Paroiſſe, qui ne voulant point connoître de Régles, parce qu'elles leur ſont nouvelles, renoncent plûtôt à leurs propres avantages que de conſentir au moindre aſſujettiſſement; dans ce cas il eſt très-à-propos que Meſſieurs les Intendans employent les moyens qu'ils jugeront les plus efficaces pour engager les plus riches Fermiers à ſe faire Gardes Etalons; & quoique le bénéfice des Priviléges & les autres avantages dont ils joüiſſent ſoient une recompenſe ſuffiſante de leurs ſoins & pour les accidens pui peuvent arriver à l'Etalon, cependant Sa Majeſté veut bien, pour des cas imprévûs, & ſur l'avis de Meſſieurs les Intendans, accorder quelques gratifications à ceux qui ſouffriroient quelque dommage extraordinaire, & y pourvoir ſur le provenu des Amendes & autres Recettes extraordinaires.

VII. Une des principales raiſons qui empêche qu'on ne trouve de jeunes Chevaux en nombre dans les Provinces, vient de ce que les Receveurs des Tailles ne manquent jamais de faire augmenter à la Taille ceux qui s'adonnent à l'éleve de leurs Poulains, comme étant une preuve qu'ils ſont à leur aiſe, & par conſéquent en état de ſoutenir ces charges, il a parû que rien n'étoit plus contraire aux intentions du Roi, Sa Majeſté ayant toûjours deſiré au contraire favoriſer ceux qui s'appliquent à élever de jeunes Chevaux ; c'eſt dans ce même eſprit qu'Elle a jugé à propos, par Arrêt du 28 Octobre 1683 d'exempter les Cavales des particuliers de toute ſaiſie, pour raiſon de recouvrement des Deniers Royaux & dettes de Communautés, dont Elle a bien voulu renouveller la diſpoſition par le Réglement du 22 Février 1717, & comprendre les Poulains & Pouliches qui proviendront de Cavales annexées aux Etalons, dans le même Réglement ; Meſſieurs les Intendans doivent y tenir la main & empêcher les Receveurs des Tailles de troubler leſdits Propriétaires dans ledit Privilége, ni de ſe ſervir de ces mauvais prétextes contre ceux qui éleveront des Poulains, qu'il faut encourager de plus en plus à continuer ce commerce.

VIII. Le Roi n'a rien obmis de toutes les précautions à prendre pour obvier à tous les abus dont on pourroit ſe plaindre à l'égard des Priviléges deſdits Gardes Etalons, & ne pas trop les favoriſer à la ſurcharge des autres contribuables, en ſorte que Meſſieurs les Intendans ne puſſent être ſurpris dans les Taxes d'office : Sa Majeſté a pourvû à tous ces inconveniens par les précautions portées par ladite Déclaration du 28 Septembre 1709, Article VI. les Commiſſaires des Haras, en conſéquence, & pour mettre Meſſieurs les Intendans en état de faire leſdites Taxes d'office en connoiſſance de cauſe, demandent à celui qui ſe préſente pour être Garde Etalon, un état juſte & ſincere de ſes biens, tenures & facultés, certifié du Maire ou du Syndic de la Paroiſſe ; ils lui demandent de plus trois Extraits du Greffe de l'Election des trois dernieres années, où il a été impoſé au Rolle de la Taille de la Paroiſſe, & ils atteſtent ces Extraits au bas de l'Etat certifié qu'ils préſentent à Meſſieurs les Intendans. Cependant on a reconnu quelque ſorte de difficulté dans l'exécution de la Déclaration, en ſoumettant un particulier à la diſcuſſion de ſes biens devant le Syndic d'une Paroiſſe, dans la vûë de joüir des Priviléges que le Syndic & les Habitans ont en averſion ; ainſi pluſieurs de Meſſieurs les

Intendans, pour se conformer, autant qu'il est possible à l'esprit de la Déclaration, & éviter les contradictions ordinaires dans ce fait, s'en sont tenus à examiner les Taux des trois dernieres années des particuliers, qui ayant fait approuver leurs Chevaux, ont demandé à être fixés à la Taille & à se faire instruire au juste par les Receveurs des Tailles & les Subdélégués, de concert avec les Commissaires des Haras, des biens que ces particuliers font valoir, soit en propre, soit par Fermes, & avec ces connoissances ainsi prises, à regler lesdits Taux pour l'avenir, faisant presque toujours une année commune des trois dernieres ; en sorte que le Garde Etalon n'obtient qu'une diminution médiocre, à moins que ce ne soit dans le cas d'une oppression évidente & prouvée, moyennant quoi Messieurs les Intendans ont prévenu une infinité de contestations de la part des Communautés avec les Gardes Etalons ; & si les facultés ou les Fermes des Gardes Etalons se trouvent augmentées, ils le sont d'office l'année suivante, à proportion ; si elles sont diminuées, on les laisse de même, & cela paroît d'autant plus juste, que la certification desdits Subdélégués, celle des Commissaires des Haras ou celle des Curés dans les occasions où les Syndics ne cherchent qu'à disputer mal à propos, peuvent bien suppléer à celle desdits Maires & Syndics.

IX. Messieurs les Intendans auront grande attention aux choix de gens propres à tenir des Etalons & à les bien entretenir, comme Fermiers, Laboureurs, Curés & autres personnes accommodées, pourvû néanmoins que cela se fasse de gré à gré, & sans y contraindre les Particuliers ou Communautés. Le principe général sur lequel on doit travailler étant de laisser une pleine liberté aux peuples sur ce sujet, & de les obliger seulement à garder les formalités prescrites par les Réglemens, pour maintenir le bon ordre, empêcher les abus & parvenir insensiblement à la perfection de l'établissement ; ils ne se donneront aucun mouvement pour engager les Gentils-Hommes à prendre des Etalons du Roi, par la peine où sont les Commissaires de les assujettir aux Réglemens des Haras, outre le mauvais usage qu'ils font d'ordinaire des Chevaux de cette espece, qu'ils employent le plus souvent à leur service particulier, négligeant

négligeant pour la plûpart de laiſſer ſaillir les Jumens des environs : d'ailleurs il eſt certain que les Chevaux ſont mieux tenus chez des Laboureurs ou des Fermiers, qui en ſont recompenſés par la jouiſſance des Priviléges. Il avoit été ordonné une excluſion entiere ſur le fait deſdits Etalons à l'égard des Aubergiſtes & Cabaretiers ; cependant on a connu par les ſuites que les Etalons ne ſe trouvoient ni mieux nourris ni mieux tenus que chez ces ſortes de gens : ainſi le Conſeil n'eſtime pas qu'il ſoit juſte de les exclure de l'emploi de Garde Etalon, du moins il s'en remet ſur cela au jugemement de Meſſieurs les Intendans. Ils obſerveront encore que l'on ſe plaignit il y a peu d'années que les Commiſſaires des Haras recevoient & approuvoient des Etalons par tout où bon leur ſembloit, ſans conſidérer s'il y avoit ſuffiſamment des Jumens à ſervir, de quoi la plûpart même deſdits Commiſſaires ſont convenus, ſur ce qu'on leur avoit toûjours ordonné de multiplier les Etalons autant qu'ils le pourroient, & que n'étant pas les Maîtres de faire acheter un Cheval dans les Paroiſſes les mieux fournies en Jumens, ils en approuvoient dans les Paroiſſes où il s'en trouvoit le moins, parce que l'on prend des Jumens pour leur ſervice dans les Paroiſſes de leur voiſinage. Il eſt important de recommander aux Commiſſaires de ne ſe point laiſſer ſurprendre par les raiſons de ceux qui ſe préſentent pour Gardes Etalons dans des Paroiſſes denuées de Jumens, ſur la ſeule eſperance qu'il s'en trouvera ſuffiſamment aux environs, & ſans les avoir vûës & compriſes dans les Rolles qui s'arrêtent en pareil cas.

X. Le but principal étant d'établir de bonnes Eſpeces de Chevaux en France, il ne faut point ſouffrir, ſous quelque prétexte que ce puiſſe être, d'Etalons trop vieux, tarés ou vitiés de maux qui paſſent actuellement aux Poulains qu'ils engendrent, comme ſont la Pouſſe, la Morve, la Courbe, le Tic, Jarets gras, maux des yeux, Veſſignons, le Flanc échauffé & autres ſemblables, les Etalons ne pouvant être trop ſains ni trop parfaits, car pour les défauts accidentels ils ſont ſans conſéquence. Il n'eſt donc rien de plus eſſentiel que de travailler, ſans perte de tems, à détruire tous les mauvais Etalons, en ſorte qu'il n'en reſte aucun de l'eſpece cideſſus dans les Départemens, quand même ils ne devroient pas être remplacés auſſi-tôt qu'il ſeroit à déſirer. On travaillera enſuite à changer les Chevaux médiocres, & l'on n'en ſouffrira plus aucun que de la plus belle tournure & ſans défaut, puiſque l'établiſſement n'a d'autre objet que la perfection de l'Eſpece, & de ne plus donner par conſéquent que de beaux Chevaux au Royaume ; outre qu'il eſt injuſte que les Gardes Etalons qui n'ont que de mauvais Chevaux joüiſſent des Priviléges accordés à cet emploi, il conviendra toujours mieux au bien du ſervice du Roi & à l'intérêt du public, de n'avoir que peu d'Etalons approuvés & d'une beauté parfaite, qu'une grande quantité d'une qualité médiocre

XI. Ils donneront une attention particuliere aux Etalons fournis par le Roi ou achetés des fonds des Provinces, de quelle maniere ils ſont tenus, s'ils ſont en bonne main & ce qu'ils deviennent, étant ſouvent arrivé que leſdits Gardes Etalons en ont diſpoſé comme de leur propre bien par vente ou échange, ſur de faux Procès-verbaux de défectuoſité ; Et pour remedier à ces ſortes d'abus, ils doivent être informés qu'il eſt défendu expreſſément auxdits Gardes Etalons de ſe défaire deſdits Chevaux, ſous quelque pretexte que ce puiſſe être, ſans une permiſſion par écrit, donnée en connoiſſance de cauſe par leſdits Sieurs Intendans, en conſéquence de laquelle & ſur le Procès-verbal qui aura été dreſſé par le Commiſſaire, ledit Cheval ſera vendu, & le prix qui en proviendra remis entre les mains du Commiſſaire qui en donnera ſon reçû & en enverra une ampliation au Conſeil, qui en chargera le Treſorier des Haras en Recettes extraordinaires. Ledit Procès-verbal ſera ſigné du Juge ou Curé du lieu ; mais lorſqu'un Garde Etalon qui aura payé la pluſvaluë dudit Cheval, en aura été chargé pendant un long-tems, & que les accidens qui le feront réformer ne proviendront point de ſon fait, alors le prix dudit Cheval demeurera à ſon profit, bien entendu qu'il donnera ſa ſoumiſſion de reprendre un autre Etalon aux mêmes conditions de celui dont il avoit été chargé.

XII. Comme les Gardes Etalons ne ſeront à l'avenir cenſés tels & reconnus, qu'en vertu des Commiſſions qui leur en ſeront expédiées par Meſſieurs les Intendans ſur les Certificats des Commiſſaires des Haras, ils ne pourront auſſi ſe défaire de leurs Chevaux, ſans une permiſſion par écrit deſdits Sieurs Intendans, qui ne les accorderont qu'en connoiſſance de cauſe, & dans les cas mentionnés dans le nouveau Reglement de Sa Majeſté, puiſqu'outre l'inconvenient de permettre légerement auxdits Gardes Etalons de ſe défaire de leurs Chevaux, il eſt à remarquer que pluſieurs en ayant eû pour moitié moins de ce qu'ils ont coûté, ils pourroient même y gagner en les vendant; ainſi Meſſieurs les Intendans doivent ſe faire informer, avant de leur accorder ces ſortes de permiſſions, de quelle maniere leſdits Gardes Etalons ont eû les Chevaux dont ils veulent ſe défaire, & dans tous les cas qu'ils pourront alléguer, faire enſorte de tirer d'eux des ſoumiſſions, de les remplacer pour la Monte ſuivante. Il avoit été propoſé par quelques Commiſſaires, après leurs viſites faites, de faire couper tous les vieux Etalons & autres hors d'état de ſervir; mais il a parû que ce ſeroit s'expoſer infailliblement à perdre ces Chevaux, qui d'ailleurs n'en ſeroient pas mieux vendus au profit du Roi ou des particuliers, ainſi il paroît plus juſte de ſe contenter de les réformer.

XIII. Lorſque les particuliers demanderont à faire approuver des Chevaux, Meſſieurs les Intendans auront attention de ſe faire donder un Mémoire du nombre des Jumens de la Paroiſſe & des environs, qu'ils comptent de faire ſervir par leurs Etalons, leur taille, poil, âge & qualités, l'état des Pâturages, Prairies, Pacages de ladite Paroiſſe & des environs afin de pouvoir connoître ſi un Etalon ſera bien & utilement placé dans le lieu propoſé; dans ce cas ils pourront approuver leſdits Chevaux, & ſur le rapport des Commiſſaires, ou ſur leurs Certificats, délivrer leurs Commiſſions; Et comme il ſeroit trop difficile d'aſſujettir les particuliers qui ſe trouvent éloignés du ſéjour ordinaire de Meſſieurs les Intendans, à venir prendre eux-mêmes leurs Commiſſions, leſdits Sieurs Intendans prendront la peine ou de les remettre aux Commiſſaires, ou de les adreſſer à leurs Subdélégués, avec ordre de les faire donner auxdits Gardes Etalons, avec diligence & ſans frais ni retribution aucune. il y a quelques Départemens du Royaume dans leſquels Meſſieurs les Intendans exigent de ceux à qui ils délivrent des Etalons à moitié prix, d'avoir au moins ſix Cavales à eux appartenantes & propres à porter de beaux

Poulains, comme un des meilleurs moïens de multiplier les Haras; mais ce qui convient dans un Pays, n'étant point une regle pour le général du Royaume, le Conſeil ne fait cette obſervation à Meſſieurs les Intendans, que pour ne rien négliger des vûës qu'il peut leur donner de tirer avantage de tout ce qui dépendra de leurs excitations; il ne leur ſera parlé ici de la propoſition qui avoit été faite d'ôter les Etalons de chez les particuliers, & de les raſſembler tous en un même lieu, que pour les prévenir contre une ſemblable idée, impoſſible dans l'exécution, puiſqu'outre la dépenſe immenſe d'un pareil établiſſement, on riſqueroit de plus de rendre les trois quarts des Cavales inutiles aux Haras; car les Etalons ſe trouvant éloignés de la demeure des particuliers qui auroient des Jumens à faire ſaillir, ne ſe détermineroient pas aiſément à faire la dépenſe de les y mener, d'autant plus, qu'il eſt d'une expérience reconnuë, que les Jumens menées de loin à l'Etalon ne retiennent preſque point, & l'on ne peut mieux faire que de s'attacher à multiplier les Etalons dans les lieux propres aux Haras, pour en faciliter la proximité à ceux qui ont des Jumens, outre que les particuliers fourniſſent volontairement à l'emplette des Chevaux néceſſaires pour le ſervice deſdits Haras.

XIV. Une des choſes à laquelle Meſſieurs les Intendans doivent donner une attention des plus ſerieuſes, lors de l'expédition des Commiſſions qui leur ſont demandées par les nouveaux Gardes Etalons, eſt de s'informer des motifs qui les y engagent; ils ne ſe préſentent ſouvent que lorſqu'ils ſont preſſés par quelques charges dont le privilége de l'Etalon les exempte, & ils ne manquent jamais à ſe défaire de leur Cheval auſſi-tôt que la raiſon qui les avoit obligés de le prendre eſt ceſſée: Meſſieurs les Intendans jugeront aiſément qu'il eſt très-important d'empêcher cet abus, & de punir les Gardes Etalons qui oſent ſe ſervir de pareilles ſurpriſes; & comme il eſt ſouvent arrivé qu'ils ont fait approuver des Chevaux défectueux, ou d'en ſubſtituer de ſemblables à ceux qu'ils avoient préſentés aux Commiſſaires, Meſſieurs les Intendans doivent, auſſi-tôt qu'ils auront connoiſſance de pareils faits, revoquer leſdits Chevaux & punir les Gardes Etalons qui auront ainſi abuſé de leurs priviléges.

XV. Le choix des Chevaux convenables à la nature du Païs, eſt une choſe ſi eſſentielle aux progrès & au ſoûtien des Haras, que l'on peut citer pour exemple, que les Barbes ſi propres au Limouſin, auroient perdu les Haras de Bourgogne; & les Chevaux Danois & de Pruſſe, ſi renommés, & qui réüſſiſſent ſi parfaitement en Normandie & en pluſieurs autres Provinces, auroient également produit le même mauvais effet en Bearn, ſi, après les expériences qui en ont été faites avant 1700, on ne ſe fût retenu ſur de pareils choix; & il conviendra toujours, au defaut de Chevaux étrangers de l'eſpece convenables à chaque Pays, de ſe contenter de prendre des Etalons du Pays même. Il eſt donc très-néceſſaire de donner aux Jumens les Etalons proportionnés à leur taille & à leurs qualités; & quoique cette attention roule particulierement ſur les ſoins des Inſpecteurs, Meſſieurs les Intendans ne doivent pas moins entrer dans la connoiſſance de cet aſſortiment lors de leur tournée, pour juger par eux-mêmes du bon ordre qui s'obſerve généralement dans leurs Départemens, le ſuccès des Haras dépendant de l'attention qu'ils y donneront, & du choix des Etalons convenables aux Jumens.

XVI. Il eſt défendu aux Commiſſaires d'approuver aucuns Chevaux pour Etalons, s'ils n'ont au moins cinq ans faits; Meſſieurs les Intendans ne peuvent ſe rendre trop ſeveres ſur l'exécution de cet article. Il arrive néanmoins, lors des Revûës deſdits Commiſſaires, qu'on leur préſente des Chevaux de remplacement de trois ans, qu'ils ne peuvent ſe diſpenſer de recevoir, par l'impoſſibilité où ſont les Gardes Etalons d'en trouver de l'âge preſcrit, les beaux Poulains ſe débitant aux Foires depuis 18 juſqu'à 30 & 36 mois, ce qui rend fort rares dans les Provinces ceux de l'age dont on les demande pour les Haras, mais leſdits Commiſſaires ne les doivent approuver qu'à condition, par les Gardes Etalons, de ne les faire ſervir qu'à l'âge de cinq ans; leſdits Gardes Etalons ont eux-mêmes un intérêt ſenſible à s'aſſujettir à cette obligation, puiſqu'un Poulain que l'on fait ſervir trop tôt, s'énerve & tombe dès la premiere année, & qu'on les oblige toujours à en faire le remplacement, ce qui les expoſeroit à de grandes dépenſes, ainſi le Conſeil ne trouve aucun inconvenient à tolerer cet uſage dans les Provinces où il n'eſt pas poſſible d'en uſer autrement : il ſuffit ſeulement que Meſſieurs les Intendans ſe faſſent informer par les Commiſſaires des contraventions qui pourroient arriver à cet égard de la part des Gardes Etalons, & s'ils ne font point ſervir leſdits Chevaux avant l'âge ordonné.

XVII. On a ſouvent repréſenté que le changement d'Etalons d'une Paroiſſe à l'autre, étoit contraire à l'établiſſement des Haras, parce que nulle eſpece d'animaux ne conſerve plus long-tems dans ſa race ſes bonnes & mauvaiſes qualités, & qu'il faut pluſieurs générations pour purifier celle-ci de tous défauts qu'elle apporte en naiſſant ; enſorte qu'un Haras n'entre dans ſa perfection qu'après cinquante ans de ſoins & d'application ſans relâche ; qu'il ne reſte aucun fruit ſolide d'un Etalon qui paroît & diſparoît d'une année à l'autre dans une Paroiſſe, puiſque le public ayant auſſi peu à compter ſur un établiſſement auſſi incertain, loin de deſtiner ſes Jumens à porter des Poulains, il s'en défait, ne pouvant nullement tabler ſur le bénéfice du produit de ſes Cavales, au lieu que dans les Paroiſſes où l'on voit des Etalons permanens, ce commerce s'y établit inſenſiblement, & les races des Chevaux s'y ſoûtiennent & ſe perfectionnent tous les jours ; qu'il convient, par ces exemples, de s'attacher à des Paroiſſes choiſies & les plus convenables à l'établiſſement, ſans ſouffrir jamais qu'elles demeurent dépourvûës d'Etalons, ſur tout lorſqu'il y en a une fois eû, puiſque, par tous ces changemens fréquens, on ne peut s'empêcher de conclure que les Peuples en général ne ſe détermineront point à l'éleve des Chevaux. L'exécution de ce que deſſus paroît d'autant plus facile, que s'arrêtant à ne mettre des Etalons que dans les lieux les plus propres aux Haras, il ſera aiſé de les y rendre fixes, & par-là tout le changement qui pourroit arriver, & qui ne ſçauroit être que d'une Paroiſſe à une autre du même voiſinage, ne peut être auſſi fâcheux que l'on veut bien ſe le repréſenter ; mais il eſt néceſſaire qu'en pareilles occaſions Meſſieurs les Intendans faſſent connoître aux anciens Gardes Etalons, qui ſont riches aiſés, que s'ils ne vouloient pas continuer leur premier Emploi, on les obligeroit à indemniſer leurs Paroiſſes de ce qu'elles auroient ſouffert par la joüiſſance précédente des priviléges, ne paroiſſant point de meilleur moyen de les retenir; d'autant que ſi on les ménageoit trop en cela, ils en abuſeroient, & qu'il eſt juſte que celui qui contrevient à ſes engagemens, en paye la peine par une taxe d'Office un peu forte.

XVIII. Si l'on doit donner toute l'attention dont on a parlé ci-devant au choix des Etalons, & ſi les Poulains non-ſeulement tiennent des Chevaux, mais encore des Jumens, il n'eſt pas moins néceſſaire de s'appliquer à celui des Cavales qui ſeront deſtinées aux Haras; car de laiſſer couvrir par des Etalons choiſis, toutes ſortes de Cavales, bonnes & mauvaiſes indifferemment, ce ſeroit travailler en vain à l'augmentation & à la perfection deſdits Haras; & l'on peut dire qu'un des plus grands empêchemens au progrès de l'établiſſement, a été la négligence dans le choix deſdites Cavales, & le trop de liberté aux Gardes Etalons de recevoir toutes celles qui leur étoient préſentées, ce qui a perpetué à l'infini la mauvaiſe eſpece de Chevaux, au lieu de la rectifier. Les ordres donnés aux Commiſſaires ſur ce ſujet n'ayant été exécutés que fort imparfaitement, ils ſe ſont contentés de voir les Jumens les plus à portée des Etalons, & d'en donner indifferemment un Rolle à chaque Garde, ſans entrer dans la connoiſſance de tout ce qu'il y a de Cavales de préférence dans leurs Départemens: il y a cependant des Paroiſſes pourvûës d'Etalons qui n'en mériteroient point, par rapport à la Taille & à la quantité de leurs Jumens; & d'autres où l'établiſſement d'un Etalon a été négligé par le défaut de ces connoiſſances; ainſi Meſſieurs les Intendans doivent ſe faire rendre un compte exact par les Commiſſaires, de l'exécution de leurs inſtructions ſur ce point, & leur en faciliter les moyens, en obligeant les Maires, Syndics ou Collecteurs des lieux de leur fournir tous les ans un Rolle fidéle de la quantité des Jumens de leurs Communautés, dans la forme preſcrite par le Réglement des Haras, & la Formule qui ſe trouve enfin dudit Réglement. Meſſieurs les Intendans remettront aux Commiſſaires tous les Rolles qu'ils auront reçûs deſdits Maires & Syndics, pour en être par eux dreſſé un État général qu'ils repréſenteront auxdits Sieurs Intendans, qui ſeront viſés d'eux & envoyés enſuite au Conſeil. Ils tiendront pareillement la main à ce que lesdits Commissaires vérifient par eux-mêmes, au moins tous les trois ans, tous les Rolles des Communautés, Paroisse par Paroisse, pour former leur recensement général, & donner par-là au Conseil toutes les connoissances qu'il exigent desdits Commissaires; & comme ce travail demande un soin auquel ils n'avoient point encore éte assujettis, & qui pourra les constituer en quelques frais extraordinaires, le Roi voudra bien y entrer, selon le mérite & l'exactitude des États qu'on leur demande. On a balancé plus d'une fois sur l'ordre à donner aux Commissaires touchant le choix des Jumens à annexer à l'Etalon, & représenté que cette contrainte ne serviroit qu'à gêner le peuple inutilement, puisque l'établissement n'avoit été fait que pour son bien & son avantage; que d'ailleurs il importoit peu au fonds par quel Etalon une Jument fût servie, pourvû qu'elle le fût par un Etalon approuvé, & que quelque attention que pût donner à l'ordre des Classes le Commissaire le plus exact, il ne pourroit empêcher le Garde Etalon de passer le nombre de trente ou trente-cinq Jumens fixé par le Réglement, & d'outrer son Cheval s'il en vouloit courir les risques, d'autant que ces Rolles composés de trente à trente-cinq Jumens sont aussi composés d'autant de Paysans Propriétaires desdites Jumens, qui n'ayant pas les trois livres lorsque la Jument demande l'Etalon, il n'y auroit ni classe ni amende capables de les assujettir à la regle, ni qui pût les empêcher d'aller chercher un médiocre Cheval dans le voisinage ou au loin, ce qui reduit le Garde Etalon à s'en dedommager par tout ce que l'on lui présente de Jumens bonnes ou mauvaises : mais les conséquences de l'abus que cette liberté indéfinie entraîne après soi, l'ont emporté en ce qu'il a paru très-juste d'assurer la subsistance d'un Etalon qui pourroit être oisif pendant que l'Etalon voisin seroit surchargé, si cette liberté subsistoit absolument. On a seulement recommandé aux Commissaires d'agir sur cela avec beaucoup de prudence, & même de ne se pas rendre trop difficiles dans les Cantons où les Jumens ne sont pas en grand nombre, pourvû qu'elles n'eussent point de difformité ni de défauts essentiels, qu'elles fussent de la grande taille, avec le flanc d'une capacité convenable, puisqu'il arrive très-souvent que des Cavales de de cette eſpece, quoique d'une beauté médiocre, produiſent de très-beaux Poulains lorſqu'elles ont été ſervies par de bons Etalons; ſur quoi il ſera aiſé aux Commiſſaires de faire comprendre aux Gardes Etalons & aux Propriétaires des Jumens, que l'on ne cherche en cela que leur propre avantage, pour aſſurer aux uns la ſubſiſtance de leurs Etalons, & aux autres des productions utiles. Les Commiſſaires s'abſtiennent encore de rappeller la Claſſe des Jumens dans les Paroiſſes où un Cheval ſuccéde à un autre; & le même Rolle ſubſiſte, ſi les mêmes Jumens exiſtent pareillement. L'on connoîtra encore plus poſitivement la néceſſité de l'ordre des Claſſes des Jumens dans les Provinces où il ſe trouve des Bouriquets dont on fait uſage plus que des Etalons.

XIX. Il reſte encore, indépendamment du choix des Cavales, à parler de l'uſage dans lequel on eſt dans la plus grande partie des Provinces du Royaume, de les outrer de travail, & à faire connoître à Meſſieurs les Intendans le préjudice que les Haras en général en reſſentent, afin qu'ils puiſſent y apporter une meilleure regle, ſoit par des Ordonnances particulieres que le Roi leur permet de rendre, ſoit en uſant ſimplement des voïes de repréſentations, pour engager les peuples à mieux connoître leurs véritables intérêts. Il eſt certain que preſque toutes les Provinces ont beſoin d'un nombre de Jumens de la grande Taille, pour pouvoir en tirer par la ſuite des Chevaux de Service, & que la Taille n'en peut hauſſer que par le ſoin que l'on prendra de bien nourrir & ménager les Cavales Poulinieres propres à en donner de l'Eſpece néceſſaire: cependant les Particuliers les gardent fort peu, dans la ſeule vûë du bénéfice des Poulains qu'elles rapportent; ils veulent de plus gagner leur nourriture journaliere; & pour y parvenir, ils les mettent à toutes ſortes de ſervices: ces Jumens ainſi gouvernées avortent pour l'ordinaire, ou du moins les Poulains qui en proviennent on ſi peu profité dans leurs corps, qu'ils naiſſent d'une foibleſſe extrême; & l'on remarque que les Gentilshommes curieux de Haras; les Curés qui font leur Monture & leur plaiſir de leurs Cavales, les Receveurs des groſſes Terres, les Fermiers & Laboureurs aiſés qui en ont un ſoin tout particulier, ont des Poulains d'une beauté parfaite, pendant que les gens peu au fait de ce Commerce ne joüissent que très-rarement du même avantage. S'il est difficile de convertir ceux-ci sur l'exemple des autres, il faut du moins convenir que le Roulage, le Carosse & la Chaise doivent être absolument interdits à des Jumens pleines. Le Labour même paroît incompatible avec la nourriture d'un Poulain à la queuë de la mere qui en a un autre dans le ventre, puisque l'on voit ces sortes de Jumens sortir du collier toutes alterées, courir à l'eau & noyer leurs Poulains dans leur corps; ou celui qui reste, devenir, comme on l'a dit, sans force & sans vigueur, d'autant qu'il s'affoiblit encore en suivant sa mere sur le Gueret. On ajoûte que ces Jumens ainsi gouvernées revenant à l'Ecurie, les Particuliers peu attentifs aux soins qu'elles demanderoient, laissent les Poulains tetter leurs meres, qui étant échauffées, leur causent la gale & leur gatent le sang : cependant, comme beaucoup de personnes dans l'usage d'élever des Poulains ont pensé differemment à l'égard du Labour, qu'elles le regardent même comme un travail doux & reglé, non sujet aux accidens du Roulage & du Timon, sur tout dans les terres legéres où l'on remarque que ce travail leur fortifie les jambes lorsqu'il n'est point outré, on ne peut gueres compter de l'empêcher, du moins dans la plus grande partie des Provinces du Royaume, ni même que les Propriétaires ne les employent à amener les Bleds, Foins, Avoines & autres recoltes dans les Métairies, & à transporter les Fumiers sur les terres; mais on peut faire connoître auxdits Propriétaires qu'ils doivent charger modérément leurs Charrettes & Chariots, & ne mettre jamais lesdites Jumens qu'à la volée. Il y a d'autres Provinces plus favorables à l'établissement des Haras, & où les Particuliers ne se servent de leurs Jumens qu'à la selle & au bas; d'autres où elles n'ont jamais été domptées, & ne servent uniquement qu'à porter des Poulains; d'autres où les Labourages & toutes sortes de Charrois ne se font qu'avec des Bœufs ou des Mulets, les terres y étant trop fortes, & les chemins trop mauvais pour pouvoir se servir de Chevaux : c'est particulierement dans ces Pays-ci que les Haras réüssissent le mieux; les Jumens sont toute l'année dans les Pacages, & n'entrent à l'Ecurie que lorſque les neiges couvrent la terre : & l'on remarque même que les Cavales accoûtumées à l'Avoine y réüſſiſſent moins bien que celles qui n'ont jamais vêcu que d'herbes ; & dans certains Cantons deſdites Provinces où tous les Payſans font leurs ouvrages avec des Bœufs, ils ſe chargent de Jumens à Bail ou à Cheptel, pour avoir des Poulains, les herbes y étant bonnes, graſſes & en grande quantité, & ſans autre débit que la conſommation qui s'en peut faire ſur le lieu. Dans d'autres Provinces l'uſage eſt de mettre les Jumens au labour & au tirage à la tête des Bœufs, dont l'inconvenient eſt d'autant plus ridicule, que les Payſans mêmes conviennent que ces Jumens ne leur ſervent qu'à guider ces Bœufs ; & comme l'Expérience a fait voir, lorſque l'on a eſſayé de réformer ces mauvaiſes habitudes dans quelques Cantons deſdites Provinces, que ces mêmes Jumens qui ne produiſoient que de très-mauvais Chevaux, lorſqu'elles étoient ainſi gouvernées & outrées de travail, ont produit de très-beaux Chevaux dès qu'elles ont joüi d'une pleine pâture & du répos qui leur convient ; le Conſeil exhorte Meſſieurs les Intendans à entrer profondément dans la connoiſſance de ces faits, & de ne point héſiter de condamner ce qu'ils reconnoîtront de mauvais & de préjudiciable dans tous ces differens uſages, tant pour l'intérêt des Particuliers que pour le bien général des Haras ; & ſur tout de défendre aux Propriétaires de faire ſervir leurs Jumens à la Charuë trois mois avant de mettre bas, pour les terres fortes ; & pour les terres legéres, deux mois ou ſix ſemaines au moins, leſquelles défenſes n'ôteront point la liberté aux Particuliers de voiturer leurs Foins & autres Recoltes, puiſqu'elles ne ſe font gueres qu'aux mois de Juin, Juillet & Août, au frais le matin ou le ſoir, & ne durent que deux heures le matin & autant le ſoir, à la difference du tranſport des Fumiers, cet ouvrage durant toute la journée ; il eſt vrai que cela arrive dans le mois de Septembre, & que dans ce tems-là les Poulains ſont forts & ſevrés. Il eſt encore à remarquer que les Jumens que l'on ne fait emplir qu'une fois tous les deux ans, donnent des Poulains infiniment plus vigoureux que celles qui portent tous les ans. Une Jument porte onze mois ; l'uſage eſt de la faire ſaillir neuf jours après qu'elle a pouliné ; de ſorte qu'elle a toujours un Poulain dans le ventre & un autre qui la tire , ce qui l'épuiſe. Meſſieurs les Intendans examineront quel ordre l'on pourroit établir pour le plus grand avantage des Propriétaires des Jumens ; car à l'égard de celles qui ſeront diſtribuées par le Roi, ils ont des raiſons ſuffiſantes pour faire telles défenſes qu'ils eſtimeront à propos ; & il leur ſuffira pour celles-ci de tenir la main à l'exécution du Réglement des Haras.

XX. On a reconnu que les Poulains veulent ſaillir dès l'âge d'un an, & que les plus mauvais petits Chevaux entiers de tout âge , quoiqu'entravés du devant au derriere, s'attachent de façon aux Jumens, qu'ils les rechauffent & les font vuider , ſur tout dans le premier mois de leur ſaut. L'on a auſſi l'expérience que les Jumens qui paiſſent avec eux en deviennent amoureuſes , & qu'elles en retiennent plus aiſément que des Etalons qu'on leur préſente : ce desordre des petits Chevaux a été d'un préjudice infini au progrès des Haras. Les jeunes Poulains ſe ſont énervés & ſouvent eſtropiés dans les Pacages ; les mauvais petits Chevaux ont produit leurs ſemblables, & l'on conviendra aiſément que ce mêlange ne peut gueres être ſouffert que parmi des Chevaux de Charbonniers : & comme il y a long-tems que ce mal dure, il a auſſi été rendu une infinité d'Ordonnances par Meſſieurs les Intendans pour remédier à ces abus ſous des peines très-ſeveres ; On a quelquefois fait ſaiſir de ces petits Chevaux en contravention , avec aſſignation devant Meſſieurs les Intendans , aux Propriétaires, pour ſe voir condamner aux peines portées par les Ordonnances : on a même fait couper un bon nombre de ces mauvais Chevaux, pris pareillement en contravention : mais le remede n'ayant opéré que ſur ces ſeuls Particuliers, il n'a point corrigé les autres. Ainſi il eſt queſtion de ſe rendre très-ſevere ſur l'exécution du Réglement des Haras à cet égard, & de prendre une ferme réſolution de détruire cette mauvaiſe engeance dans les Pays où les Haras ſont établis, & que les Poulains ne puiſſent ſervir avant le tems & l'âge convenables. Pluſieurs exemples contre les Propriétaires rendront les autres plus attentifs à ſe conformer en cela aux intentions de Sa Majeſté.

XXI. Il faut obſerver que les plus belles Races ſe reduiſent par les générations ſuivantes, à la Taille ordinaire du Pays, reglée, pour ainſi dire, par le climat & par la nature des Herbages; ce qui exigeroit un renouvellement à l'infini de Chevaux & de Jumens, pour perpetuer les belles Eſpeces: mais dans l'impoſſibilité d'y pouvoir fournir généralement, Meſſieurs les Intendans ſe contenteront de ſe faire montrer dans leurs tournées les plus belles Pouliches provenantes deſdits Haras, & d'engager ceux qui en ſont Propriétaires à les conſerver, pour en faire des Souches & ſubſtituer les jeunes aux vieilles. L'on s'apperçoit dejà dans pluſieurs Provinces du bon effet de ſemblables exhortations de la part des Commiſſaires, & que les Propriétaires qui voyent leur avantage dans ce Commerce, & que plus leurs Jumens ont de Taille, plus ils en tirent de profit, ſe ſont aiſément déterminés à élever les plus belles Pouliches, ce qui hauſſe les Races aſſés promptement, & a ſi bien réüſſi en Touraine & en Anjou, que les Jumens y paſſent en taille & en tournure celles des autres Pays, & ſe diſtinguent du premier coup d'œil dans les pâturages. Meſſieurs les Intendans ſe feront encore inſtruire de la quantité de Poulains & Pouliches qui ſe trouvent dans les Foires, autant qu'ils le pourront, & de ce que deviennent ceux qui s'y vendent; s'ils ne s'y préſentent point d'Etrangers par rapport aux Remontes de leur Cavalerie, Dragons ou ſervice de leur Artillerie, Caiſſons ou Bagages, & ſe ſouviendront d'envoyer tous les ans au Conſeil un Extrait de toutes les ventes qui ſe font auxdites Foires, dont ils pourront ſe faire informer par leurs Subdélégués, non dans la préciſion qu'ils pourroient croire que l'on le leur demande, mais d'une maniere à donner une idée générale de ce Commerce & faire connoître ſur quoi l'on pourroit compter dans une conjoncture de Guerre. Le Conſeil ne demande point qu'il ſoit apporté en cela la moindre gêne; jugeant au contraire qu'il doit regner dans leſdites Foires une entiere liberté, par rapport aux ventes de toutes ſortes de Chevaux & de Jumens, étant peu important que l'on enleve des Poulains de l'âge de 18 mois & plus jeunes, pourvû que ce ſoit pour paſſer dans les autres Provinces du Royaume; en ſorte que s'il y avoit quelques meſures à prendre ſur ce ſujet, ce ſeroit uniquement pour empêcher la ſortie hors du Royaume de toutes ſortes de Chevaux, de Poulains & de Jumens, qui font l'abondance des Haras & influent ſur tous les differens Commerces des Peuples.

XXII. Par l'Arrêt du 28 Octobre 1683, il eſt ordonné que les Etalons ſeront marqués d'une L couronnée à la cuiſſe ; & par les anciennes inſtructions aux Commiſſaires, que les Cavales annexées auxdits Etalons par les Rolles qui en ſeront faits par leſdits Commiſſaires, le ſeront également. On a laiſſé tomber l'exécution dudit Arrêt par l'inconvenient que les Gardes Etalons fuyoient cette marque qui les empêchoit de vendre leurs Chevaux dès qu'ils n'étoient plus propres à la monte, ſoit par les accidens trop communs à ces animaux, ſoit qu'ils euſſent l'envie de s'en défaire pour en ſubſtituer de plus beaux en leur place; outre que de 30 Maréchaux de Villages il ne s'en trouvoit quelquefois pas deux qui puſſent appliquer cette marque ſans danger pour le Cheval. La vûë en cela étoit de contenir leſdits Gardes Etalons, & de les empêcher de ſubſtituer un Cheval à un autre ; mais comme leurs Chevaux ſont ſignalés & connus, que leſdits Commiſſaires les voyent deux fois l'année, cette précaution qui établit une eſpece de tare ſur un Cheval que l'on veut vendre, a parû entiérement inutile au bien de l'établiſſement. Et à l'égard des Jumens, l'ordre des Claſſes qui eſt déja une contrainte pour ceux qui en ſont Propriétaires, tous gens ennemis de l'ordre & de la diſcipline, qui regardant cette ſujection comme un hypotéque ſur eux d'un Ecu pour le droit de la Monte, ou penſant ſérieuſement qu'au moyen de cette marque ils ne ſeroient plus les Maîtres de leurs Jumens, a fait arrêter l'exécution de cet ordre, d'autant qu'il arrive très-ſouvent, après que les Propriétaires deſdites Jumens leur ont fait porter un ou deux Poulains, à l'âge de trois à quatre ans, qu'ils s'en défont, ſoit quelles ne portent pas d'aſſés beaux Poulains, ſoit pour ſoutenir le trafic qu'ils ont accoûtumé d'en faire ; & que d'autres aimoient mieux n'en point avoir du tout que d'en garder à cette condition ; ajoûtant, qu'outre la neceſſité de leurs affaires qui exige ſouvent de ſe défaire deſdites Jumens, cette marque nuiſoit beaucoup à la vente, les acheteurs ne les conſiderant plus que comme Jumens Poulinieres ou tarée ou qui ne retiennent point, comme cela arrive très-souvent. Il suffira donc de tenir exactement la main à tout ce qui est prescrit sur l'approbation des Chevaux & sur l'ordre des Classes ou des Rolles des Jumens, si ce n'est à l'égard de celles que le Roi pourroit faire distribuer gratuitement ou à moitié prix de ce qu'elles auroient coûté, auquel cas il est bon de les marquer, si Messieurs les Intendans le jugent à propos; & si elles ne retenoient pas, on pourroit les vendre & employer le prix en de nouveaux achats, pour en faire le remplacement chez les mêmes particuliers qui auroient déja payé la plusvaluë desdites Jumens venduës, le tout dans l'ordre prescrit par le Réglement des Haras.

XXIII. Par l'Art. VI. de la Déclaration du 22 Septembre 1709; il est ordonné à Messieurs les Intendans d'envoyer chaque année au Conseil, immédiatement après la premiere revûë des Commissaires dés Haras, un Etat contenant les noms, surnoms & domiciles de tous les particuliers chargés d'Etalons appartenans au Roi ou approuvés. Comme l'exécution de cet article a été souvent négligée, & que Messieurs les Intendans se sont reposés à cet égard sur l'envoi des Procès-verbaux desdits Commissaires, il est nécessaire de leur expliquer que ce qui leur est demandé en cela se reduit à une simple Liste, correcte & exacte desdits noms & surnoms, Election par Election; sur quoi il doit être arrêté un état général au Conseil, dont les Extraits signés du Roi sont envoyés sur les lieux & adressés à Messieurs les Intendans, pour être enregistrés sans frais, avant le tems de l'imposition des Tailles, au Greffes desdites Elections & y avoir recours en cas de besoin, dans la vûë d'ôter tout prétexte de trouble de la part des Syndics, Collecteurs & autres, dans la jouissance des Priviléges desdits Gardes Etalons. Messieurs les Intendans se souviendront, s'il leur plaît, de s'y conformer pour ce qui regarde les Pays Taillables; la même formalité a parû inutile dans les Pays d'États & autres Provinces où la Taille est réelle. Dans la Bourgogne on distingue la Bresse & le Bugey du reste de la Province, & les Tailles sont réelles dans ces Pays; l'Imposition s'y fait tous les ans, & on a soin de donner aux Gardes Etalons des Billets de Taille séparés, aux termes de la Déclaration de 1709. Dans la Bourgogne les Tailles sont personnelles, & l'Imposition s'en fait par Messieurs les Elûs de la Province ; & pour leur éviter la peine d'examiner tous les ans les facultés des Gardes Etalons, & encore de changer à tous momens lesdits Billets, à mesure que ces Gardes Etalons viennent à changer, on est convenu qu'ils donneroient une Ordonnance portant défenses aux Collecteurs des Paroisses Taillables, d'augmenter la Cotte précedente desdits Gardes Etalons, sous quelque prétexte que ce soit; Et si les Paroisses trouvent les Gardes trop favorablement traités, ou si les Gardes se croyent trop fortement taxés, ils ont la voye de remontrance, & obtiennent justice sur la premiere Requête qu'ils présentent à Monsieur l'Intendant. La Taille est réelle en Franche-Comté, en considération de quoi il est payé par les Communautés, sur la simple Ordonnance de Monsieur l'Intendant, cinquante livres annuellement pour chaque Garde Etalon, pour lui tenir lieu du Privilége de la Cotte d'Office; & la même chose en Dauphiné, à la différence seulement, que l'Imposition pour subvenir à la dépense de ces gratifications, a été ordonnée par Arrêt du Conseil du 28 Juin 1715, & Messieurs des États de Languedoc ont déja suivi les inspirations du Conseil, en délibérant dans leurs dernieres Assemblées, à l'exemple de ce qui se pratique dans les deux Provinces ci-dessus, pour une semblable gratification en faveur des Gardes Etalons : il seroit à désirer qu'en Bretagne, où la Taille est pareillement réelle, & par tout où les Gardes Etalons sont privés du bénéfice de la Cotte d'Office, on en usât de même. Ils y joüissent néanmoins du surplus des Priviléges qui leur sont accordés par la Déclaration du 22 Septembre 1709, ainsi qu'ils doivent joüir des autres avantages porttés par le nouveau Réglement des Haras ; & lorsqu'ils sont inquietés par les Maires & Consuls, ils se pourvoyent pardevant Messieurs les Intendans pour y être maintenus, en quoi ils les doivent soûtenir & protéger de tout leur pouvoir. La même chose dans les Gouvernemens d'Ardres & de Calais, où les Impositions se levent differemment des Pays d'Elections, & où il est inutile de faire enrégistré dans les Grèffes des Baillages ou Justices Royales, les Rolles desdits Gardes Etalons, cette formalité n'ayant rapport qu'à la Cotte d'Office desdits Gardes. A l'égard des Provinces de Bearn, Navarre & Pays de Soule, il n'y est point question de Priviléges : les Communautés ou Chefs des lieux y sont chargés de l'entretien, nourriture & remplacement des Etalons qui y sont établis, cette forme d'administration ayant parû la plus convenable à ces Pays ; & il suffit de tenir la main à l'exécution des Arrêts du Conseil rendus en conséquence : & au cas qu'il y eût des Particuliers dans le goût de faire approuver des Chevaux dans lesdits Pays, ils joüiroient sans difficulté de tous les Priviléges accordés aux Gardes Etalons.

XXIV. Indépendamment des fonds que le Roi juge à propos de destiner chaque année à l'entretien des Haras, Gardes, Appointemens des Officiers & autres frais de Regie, les Pays d'Etats contribuent également au même dessein, suivant les ordres de Sa Majesté dont il est toujours mention dans ses instructions à ses Commissaires lors de la tenuë desdits Etats, qui ne manquent point de se conformer en cela, comme en toutes autres choses, à ce qui leur est expliqué être de ses intentions. Tous lesdits fonds généralement doivent être remis à la Caisse des Haras, & le Conseil prend soin d'expedier les Arrêts ou ordres particuliers, selon les cas differens, pour la décharge des Trésoriers ou Receveurs qui payent lesdites sommes entre les mains du Trésorier des Haras, qui s'en charge en recette dans le Compte qu'il rend au Conseil ; lequel ordonne pareillement de toutes les dépenses qui doivent être faites à l'occasion des achats, voitures, appointemens, gratifications, & autres généralement quelconques. L'intention du Roi est, que lesdites sommes accordées par lesdits Etats, de même que celles qui pourroient être imposées sur les Provinces Taillables, soient employées, sans aucun divertissement, en achats d'Etalons ou de Jumens, si le besoin le requiert, suivant leur destination, qui ne pourra être changée, sous quelque prétexte que ce puisse être ; Et que lesdits Chevaux & Jumens soient distribués, par les soins de Messieurs les Intendans, aux Particuliers qu'ils jugeront les plus propres à l'Employ de Garde Etalon, aux conditions qu'ils estimeront justes & raisonnables ; Sa Majesté leur laissant même la liberté d'en distribuer quelqu'uns gratuitement, soit par difficulté de pouvoir faire mieux, soit par les considérations que méritent les pertes que font quelquefois les Gardes par la mort inopinée de leurs Etalons, ou par des accidens qui ne participent point de leur fait. Il ſera aiſé à Meſſieurs les Intendans de faire ces diſtinctions, & il eſt important de ne s'y point laiſſer ſurprendre ; le principe d'une pareille diſtribution étant de tirer une pluſvaluë de tous leſdits Chevaux, proportionnée aux facultés des Gardes, dont le produit qui en revient à la Caiſſe n'a d'autre deſtination que celle de fournir à de nouvelles emplettes de Chevaux en nombre & qualité. Cette pluſvaluë ſe regle d'ordinaire dans les Pays d'Etats, au gré deſdits Etats ; Sur quoi il eſt à propos de leur repréſenter ce qui convient le mieux aux intérêts des Provinces. Les Commiſſaires ſeront chargés de ces ſortes de recouvremens, dont ils dreſſeront des Etats qu'ils enverront au Conſeil, après les avoir fait viſer par Meſſieurs les Intendans, ſur leſquels il ſera expedié des Ordres de recouvremens au Tréſorier des Haras, pour en faire recette dans ces comptes. Tous leſdits fonds & les recettes extraordinaires provenant des pluſvaluës, ventes des vieux Etalons & amendes, ſeront uniquement appliqués au bien & augmentation deſdits Haras ; Et le premier Commis du Conſeil, chargé du Bureau deſdits Haras, tiendra un Regiſtre à cet effet, par Généralité ou Département, dans lequel il obſervera les recettes ordinaires & extraordinaires, applicables à chacun deſdits Départemens, & les dépenſes qui ſeront ordonnées en conſéquence, afin que l'on puiſſe connoître en tout tems, & par un compte ouvert, ce qui reſtera dû ou ce qui aura été fourni de trop auxdites Provinces. Pluſieurs Commiſſaires s'étant trouvés obligés de retirer des mains des Gardes Etalons des Chevaux en fort mauvais état, pour les retablir, & de demander par conſéquent le rembourſement de la dépenſe faite à leur occaſion, Meſſieurs les Intendans obſerveront que c'eſt aux Gardes Etalons à ſupporter ces dépenſes, & qu'ils doivent les y condamner, s'il eſt nécéſſaire, & même en une amende, en quoi il eſt bon de faire quelque exemple pour obliger leſdits Gardes Etalons à avoir le ſoin qu'ils doivent des Chevaux qui leur ſont confiés

XXV. Il eſt très-eſſentiel que les Chevaux qui ſeront envoyés dans les Départemens, y arrivent au moins un mois avant la Monte, pour avoir le tems non-ſeulement de les diſtribuer, mais encore celui de les rétablir de la fatigue du voyage, les engrainer & les rendre en état de mieux ſervir ; Ainſi Meſſieurs les Intendans auront l'attention d'envoyer au Conſeil, dans les premiers jours de Décembre de chaque année, des états de la quantité & eſpece de Chevaux dont ils auront beſoin, par proportion aux fonds de leurs Provinces, ou ſuivant le nombre des ſoumiſſions que les Commiſſaires auront retirées des particuliers qui voudront payer les Chevaux qu'ils auront demandés, auquel cas ils ſpécifieront les ſommes portées par leſdites ſoumiſſions. Les Commiſſaires ſe doivent faire un arrangement ſi juſte à cet égard, que leſdits Chevaux puiſſent être diſtribués dès le jour même, ou le lendemain de leur arrivée, pour éviter les frais de ſéjour & de nourriture dans les Hôtelleries, qui tomberoient en pure perte ſur la Caiſſe des Haras. Et comme ces ſortes de dépenſes extraordinaires peuvent dépendre encore du plus ou du moins de diligence de la part des Gardes Etalons, pour venir recevoir leſdits Chevaux ; dans ce cas, il eſt juſte de les mettre ſur le pied de les acquitter, chacun pour ce qui le concernera : Meſſieurs les Intendans y donneront, s'il leur plaît, l'attention que cela mérite.

XXVI. Il eſt d'une expérience certaine, que la principale & meilleure culture conſiſte dans les engrais ; & les avantages que l'on retire de la multiplicité des Beſtiaux ſont trop connus, pour qu'il ſe trouve une ſeule perſonne qui doute de cette vérité ; & comme il n'eſt pas poſſible que dans les Pays qui y ſont les plus propres, les Particuliers ne s'adonnent à nourrir quelques Jumens, & même à élever des Poulains, Meſſieurs les Intendans redoubleront d'attention pour ſe faire rendre compte du nombre des Prairies, Herbages, Marais & Pâturages innondés & des moyens de parvenir à leur deſſechement ; ils propoſeront les Arrêts néceſſaires pour ordonner & autoriſer les ouvrages convenables & procurer cet avantage aux Peuples & au Royaume en général. M^{r}. Guynet, Intendant de la Généralité de Caën, a ſuivi de ſemblables vûës avec beaucoup de ſuccès, étant parvenu au deſſechement de plus de cent mille arpens de Marais, dont moitié aux Particuliers & la plus grande partie ſous les eaux depuis plus de cent ans, & le ſurplus innondé par les pluyes & orages ; ce qui a porté une infinité de Particuliers à reprendre non-ſeulement l'engrais ordinaire des Beſtiaux, mais en-

L 2

core le nourri d'un grand nombre de Poulains d'un rapport conſidérable à la Province. Une autre conſidération non moins importante regarde quelques uſurpations de Pacages & Communes. Le Conſeil eſt informé que dans aucunes des Provinces du Royaume, les Payſans & d'autres particuliers ſe ſont aviſés en differens tems & ſur tout pendant le cours des dernieres Guerres, de fermer les Communes qui ſe ſont trouvées à leur bienſéance, de s'en approprier l'uſage & d'en priver le Public, ce qui ôte le moyen aux autres, même à ceux qui ont quelque bien, de nourrir des Jumens, ne le pouvant faire ſur leurs propres fonds deſtinés à d'autres uſages : ainſi il eſt néceſſaire de rétablir les choſes dans leur premier état, ſans ſouffrir jamais de pareilles uſurpations qui ſont totalement contre le droit Public. Le Roi déſire que Meſſieurs les Intendans ſe faſſent informer des abus qui ont pû ſe commettre à cet égard, dont ils enverront les Mémoires au Conſeil du dédans du Royaume, avec leurs avis, & Sa Majeſté donnera enſuite les ordres qu'Elle eſtimera à propos.

XXVII. Le Conſeil recommande à Meſſieurs les Intendans de tenir la main à ce que les Commiſſaires faſſent exactement chaque année deux viſites de leurs Départemens ; & que dans la premiere qui ſe doit faire dans le mois de Mars au plus tard, & toujours avant le tems de la Monte, ils ne puiſſent, ſous quelque prétexte que ce ſoit, aſſigner aucun lieu aux Gardes & Propriétaires des Etalons, pour viſiter leurs Chevaux ; mais qu'ils faſſent une viſite exacte & effective de chaque Etalon, ſoit du Roi ou des Particuliers, dans l'Ecurie où il eſt établé, penſé & nourri, & de l'uſage qu'en fait le Garde ou Propriétaire, hors le tems de la Monte : Sa Majeſté ſe remettant à eux néanmoins d'avancer ou retarder de quelques jours celui de ladite viſite, par rapport aux circonſtances des tems, puiſque le Conſeil eſt informé que les débordemens & les neiges en certaines Provinces pourroient ne pas permettre auxdits Commiſſaires d'exécuter leurs inſtructions auſſi promptement qu'il leur eſt preſcrit ; il eſt pareillement informé qu'il ſeroit bien difficile dans aucuns Départemens, à un Commiſſaire d'en faire lui ſeul la viſite de la maniere qui lui eſt ordonnée, & de parcourir le grand nombre de Villes,

Bourgs, Villages, Châteaux & Métairies dans lesquels lesdits Etalons se trouvent répandus, sur tout dans les Pays de montagnes peu praticables dans l'hyver ; c'est pourquoi Sa Majesté a dejà consenti qu'il fût établi dans les Départemens qui ont le plus d'étenduë, un ou plusieurs Sous-Inspecteurs ou Visiteurs, pour suppléer à ce travail ; Messieurs les Intendans ne doivent pas être moins attentifs à se faire informer de l'application & des mouvemens desdits Sous-Inspecteurs & Visiteurs, à bien remplir leurs devoirs, chacun dans leur district. Le Conseil veut bien encore dans les cas où un pareil établissement deviendroit également nécessaire pour les mêmes raisons susdites, y avoir égard sur les remontrances qui lui en seront faites par Messieurs les Intendans, afin d'obvier une bonne fois à la liberté que quelques Commissaires se donnent d'assigner des rendez-vous dans les Villes qu'ils indiquent aux Gardes Etalons des environs ; d'où il arrive que lesdits Commissaires ne sçavent jamais si les Etalons sont bien ou mal tenus dans les Ecuries, & si les Gardes font leur devoir ; d'ailleurs ces Gardes sont obligés de quitter leurs occupations ordinaires, à quoi ils ne sont point tenus, sans parler de l'inconvenient de faire venir de trop loin des Etalons qui risquent des échauffures & courbatures ordinaires à des Chevaux qui ne sortent presque point de l'Ecurie. La distance même de trois ou quatre lieuës n'est pas moins dangereuse qu'une plus grande traite, puisque c'est dans la premiere lieuë qu'ils peuvent être attaqués de maladie ou s'estropier par la difficulté de la conduite des Chevaux entiers ; il peut encore arriver qu'il y en ait de fort incommodés lors de ces rendez-vous ; en sorte que rien n'est plus nécessaire que d'obliger les Commissaires à se conformer à ce qui est en cela des volontés du Roi. Les mêmes raisons subsistent à l'égard de la seconde visite, si ce n'est que Messieurs les Intendans qui sont présens dans le tems de leurs Départemens, (lesdits Commissaires à leur suite,) peuvent bien, dans les cas où ils l'estimeront à propos, assigner un lieu sur leur passage & dans une distance raisonnable aux Gardes Etalons, pour passer les Chevaux en revûë, sans être obligés d'en faire eux-mêmes la visite dans les Ecuries ; mais plûtôt que d'exposer trop lesdits Chevaux, ils s'abstiendront, autant qu'ils le pourront, de les faire venir de trop loin, & chargeront lesdits Commissaires de se transporter sur les lieux, d'où ils reviendront à leur suite, en prenant le tems que lesdits sieurs Intendans s'arrêteront dans les differentes Elections où ils sont d'ordinaire retenus un tems suffisant, pour donner aux Commissaires celui de les réjoindre. Ils les engageront enfin par toutes sortes d'excitations à remplir leurs devoirs avec la derniere exactitude ; le Conseil étant persuadé que lorsqu'on a commencé à travailler sur de bons principes, on continuë de même ; & qu'il n'est question que de reveiller de tems en tems l'application des Officiers chargés de certains détails ; cette partie devant être regardée comme une chose des plus utiles & des plus serieuses dans toutes sortes de services. Messieurs les Intendans seront néanmoins toujours les maîtres d'ordonner à tous Gardes Etalons les rendez-vous qu'ils estimeront à propos ; tout ce qui leur est observé ici des inconveniens qui en peuvent arriver, n'étant que pour attirer leur attention sur les moindres choses : & en cas de désobéïssance de la part d'aucuns desdits Gardes Etalons, ils pourront les en punir, en les privant de leurs Priviléges, & les rayant des Rolles de Gardes Etalons.

XXVIII. Le Conseil observera à Messieurs les Intendans, que s'ils ne trouvent moyen de remédier efficacement aux abus trop frequens, ci-devant expliqués, & dont il leur sera encore parlé, en vain travailleront-ils d'ailleurs à la perfection de cet établissement : ainsi ils ne doivent point perdre de tems à réformer tout ce qu'ils reconnoîtront de mauvais en ce genre, de concert avec les Commissaires. Et ils y employeront toute leur autorité, selon l'exigence des cas. Mais comme le Roi n'entend point que cet établissement devienne à charge aux Peuples, Messieurs les Intendans doivent éviter de condamner les Particuliers en des amendes, qu'il n'y ait de très-fortes preuves contre les contrevenans, & apres avoir entendu les parties & vérifié les faits autant qu'ils le pourront, laissant néanmoins à leur prudence de punir subitement les plus mutins & qu'ils reconnoîtront d'un esprit indocile & de cabale, comme le plus sûr moyen de parvenir à une exacte discipline, & de faire observer les Réglemens du Roi. Plusieurs de Messieurs les Intendans ayant estimé du bien du ſervice que leurs Subdélégués euſſent le pouvoir de juger ſommairement tous les cas de contravention concernant leſdits Haras, les pourſuivans aimant mieux quelquefois renoncer à leurs prétentions, que d'aller ſuivre leurs Procès à la ſuite deſdits ſieurs Intendans, à cauſe de leur éloignement du Chef-lieu de la Généralité : aucuns ont rendu leurs Ordonnances, par leſquelles ils commettent leſdits Subdélégués, chacun dans leur Département, à cet effet, ſauf l'appel devant eux, avec permiſſion aux Particuliers de ſe pourvoir pardevant ces Subdélégués. Sa Majeſté laiſſe la liberté à Meſſieurs les Intendans d'en uſer à cet égard comme ils le jugeront à propos : & il leur ſera ſeulement recommandé de rendre la condition des Gardes Etalons la moins diſpendieuſe qu'il leur ſera poſſible : & la même choſe à l'égard des Particuliers contre leſquels leſdits Gardes pourroient exercer quelques vexations. Les Commiſſaires ont ſouvent repréſenté qu'il ſe trouvoit des Gardes Etalons, qui ne devant demander qu'un écu & un boiſſeau d'Avoine pour le ſervice de chaque Jument, exigeoient beaucoup davantage, ce qui empêchoit les maîtres des Jumens de les mener à l'Etalon, & les forçoit à les faire ſervir ſous main par de mauvais Rouſſins qui produiſent les vilains Chevaux ſi communs dans tout le Royaume. Il eſt également néceſſaire de punir les Gardes Etalons qui ſeront convaincus de ſemblables malverſations. Les autres contraventions les plus ordinaires de la part des Particuliers roulent ſur la licence de faire ſervir des Chevaux non approuvés, & de laiſſer vaguer les petits Chevaux entiers avec les Cavales. On a expliqué de quelle importance il étoit de tenir la main aux défenſes portées par le Réglement des Haras : il paroît que ce ſont-là les cas où il ſoit plus néceſſaire d'uſer de ſévérité.

XXIX. quoi que le Commerce des Mules & Mulets ſoit particulier à un petit nombre de Provinces, on ne laiſſera pas d'ajoûter à ce Mémoire les connoiſſances que l'on en doit avoir par rapport à l'Inſpection que les Commiſſaires des Haras ont naturellement ſur toutes les Cavales de leur Département, & le choix qu'ils doivent faire de toutes celles qui ſeront ſervies par les Etalons ou par les Bouriquets. On expliquera de quelle importance il eſt de preſcrire des regles ſuivant leſquelles, en faiſant le bien général du public & celui de l'Etat, on prévienne les abus qui se peuvent glisser dans le choix desdites Cavales, la quantité d'Animaux à approuver, sans préjudicier au service des Haras.

Il est bon premiérement de connoître l'espece de Bouriquets dont on se sert pour la production des Mules & Mulets, taille poil, prix & les accidens auxquels ils sont sujets.

Il se trouve dans le haut Poitou des Animaux qui sont presque aussi hauts que les plus grands Mulets, mais d'une figure differente. Ils ont quasi tous le poil long d'un demi pied sur tout le corps, les Boulets ou les jambes & les jarets presqu'aussi larges que ceux des Chevaux de Carosses. On les tient à l'Ecurie separément dans des especes de Loges, attachés avec des chaînes de fer, d'où on ne les fait sortir que pour saillir la Jument qui est aussi attachée dans un attelier fait exprès : l'expédition finie on les remet à l'Ecurie.

Ils sont pour la plûpart très-vicieux & cruels ; si ces Animaux se joignoient, ils s'étrangleroient : il n'y a que l'homme qui a Coûtume de les penser qui ose en approcher, les autres sont obligés de se munir de bâtons : il y en a pourtant de plus traitables, mais communément quand ils ont sailli, ils sont beaucoup plus dangereux : on ne les ferre jamais, & ils portent la corne longue d'un pied, ce qui est très-difforme.

Quand les Gardes Etalons changent de ferme & qu'ils sont obligés de transporter leur Haras d'un lieu à un autre, ils les abattent comme les Chevaux qu'on veut hongrer, leur lient les jambes & les mettent dans des Charettes pour les voiturer au nouveau gîte : s'ils échapoient par hazard, on auroit peine à les prendre, & ils devoreroient ou étrangleroient tout ce qu'ils rencontreroient en leur chemin. Il n'y a gueres que ceux qui n'ont pas servi que l'on puisse conduire facilement.

Il y a 10 à 12 ans qu'ils étoient d'un prix excessif en Poitou : il s'en est vendu jusqu'à 500 Ecus piece : presentement les plus beaux ne passent pas 8 & 900 liv. lorsqu'ils sont éprouvés & reconnu bons, si ce n'est quelqu'uns que les Gardes Etalons à qui ils appartiennent, estiment encore jusqu'à 1200 liv. à cause de leur hauteur, épaisseur & largeur de leurs Jarets, la hauteur toute seule ne suffisant pas pour

en

en relever le prix : mais à 3 & 4 ans les plus beaux ne se vendent que 3, 4 & 500 liv. ceux de poil bien noir sont les plus estimés ; les gris sales sont les moins recherchés

La goutte & la morve sont les maladies ordinaires à ces Animaux quand ils deviennent vieux. Lorsque l'on en trouve de morveux, on les fait assommer, de crainte qu'ils ne communiquent leur mal aux Jumens qu'ils servent & aux autres Animaux : c'est une des principales attentions d'un Inspecteur que celle-là, sans quoi les Particuliers courroient risque d'être ruinés, par rapport à la cherté de ces Animaux, qui vient principalement de la difficulté qu'il y a de les élever jusqu'à trois ans ; n'y en ayant pas le quart, du moins en Poitou, qui arrive à cet âge. Mais aussi cet âge passé, ils vivent & servent jusqu'à 25 & 30 ans, avantage que n'ont pas les Chevaux de France qui se trouvent vieux dès l'âge de 10 ans, lorsqu'ils ont servi aux Haras.

Ces animaux perissent plus communément par les jambes, & deviennent si perclus, qu'ils ne peuvent plus sortir de l'Ecurie. Ils servent par jour huit & dix Jumens, quand ils sont bien engrainés ; au lieu qu'un Etalon n'en peut servir utilement que deux ou trois au plus ; ils en pourroient saillir autant que les Baudets, mais ils n'en feroient pas plus de Poulains.

Il y a des Gardes Etalons dans le haut Poitou qui ont cinq & six de ces Animaux, dont chacun d'eux peut servir cent Jumens pendant le tems, d'une Monte, jusqu'à l'âge de 22 ans, après quoi ils diminuent de force : ils ne commencent à les faire servir qu'a l'âge de quatre ans. Ils sont tous d'un très-grand entretien ; car pour les bien conserver, on leur donne jusqu'à trois boisseaux d'Avoine par jour, mesure de Paris, c'est-à-dire, pendant tout le tems de la Monte. Tous ne sont pas également vigoureux ; de dix à peine en trouve-t-on quatre qui servent bien : quelqu'uns ne veulent point de Jumens qu'ils n'ayent senti une Bourique : ceux-ci ne sont pas si estimés : on ne leur donne pas de Bouriques que toute la Monte ne soit finie, parce qu'ils ne voudroient plus servir de Cavales.

Dans la vûë qu'on a euë de conserver & de multiplier les Haras, on a proposé.

1°. De ne retenir qu'un petit nombre d'Animaux, & de n'en permettre qu'un ou deux à chacun des Gardes Etalons.

2°. De ne permettre qu'aux ſeuls Gardes Etalons de les tenir pour le ſervice du Public.

3°. D'ordonner que les plus grandes Jumens ſeront reſervées pour les Etalons, & les médiocres données aux Animaux.

4°. Que les Animaux ne ſeront approuvés qu'à quatre pieds ſix pouces de hauteur ; & que ceux qui ſeront au-deſſous de cette taille ſeront coupés.

5°. Et de fixer le prix du ſaut de l'Animal.

On trouve qu'on ne pourroit partager les Chevaux & les Baudets à differens Particuliers, ſans beaucoup d'inconveniens : & comme il y a plus de profit à avoir des Bouriquets que des Etalons, il eſt juſte que les Gardes Etalons joüiſſent de cet avantage ; d'ailleurs, il eſt preſqu'impoſſible qu'un Garde Bouriquet ſe paſſe de Chevaux pour eſſayer les Jumens & les mettre en état d'être montées par l'Animal car on ne le fait point ſortir de l'Ecurie que la Jument n'ait été diſpoſée par le ſecours d'un Cheval entier à être faillie ; ſans quoi il pourroit arriver du deſordre, tant à la Jument qu'au Baudet, ces Animaux étant plus ardens & plus vifs que les Chevaux.

A l'égard de la fixation des Bouriquets au nombre de deux par Garde Etalon, il eſt aſſés inutile, du moins dans le Poitou, de l'ordonner ; ceux-ci ſe raiſtraignant d'eux-mêmes à proportion du débit & des beſoins que l'on a en France de Mules & Mulets : cela peut cependant être ordonné & fixé, même à un ſeul Animal dans les autres Départemens, pour chaque Haras.

On ne ſçauroit fixer avec excluſion la Taille des Animaux à quatre pieds ſix pouces dans le bas Poitou ni dans les autres Provinces, à moins d'en vouloir ſupprimer l'eſpece ; ceux de cette taille ſont très-rares, ſinon dans le haut Poitou : & la plus grande partie des Gardes n'en pourroient avoir : au lieu que les Animaux ordinaires du bas Poitou, qui ne coûtent que 15 & 20 piſtoles, ſuffiſent pour la production des Mulets ordinaires, tant pour le ſervice du Pays, que pour les Meuſniers & les Voituriers des autres Provinces.

Dans la haute Auvergne, où l'uſage eſt encore different du Poitou,

& où la quantité des Bouriquets est beaucoup moindre, la néceſſité fait une loi à laquelle on eſt obligé de ſe conformer, qui eſt d'approuver les Animaux, quand ils ſont bons, chez les Particuliers qui veulent les fournir, pour tâcher d'avoir quelques Mulets avec les petites Jumens, qui autrement ne ſeroient d'aucune production aux Particuliers. Tout ce qu'il y a à obſerver à cet égard, eſt d'enjoindre aux Gardes Etalons qui ſont à portée des Baudets, de prendre garde qu'on ne les donne aux Jumens annexées à leurs Etalons Une ſeconde raiſon pour aprouver des Baudets, autres que ceux des Gardes Étalons dans la haute Auvergne, vient de ce qu'ils ne ſont pas tous dans ce Pays-là en état d'avoir des Etalons & des Baudets tout enſemble. Ces raiſons paroiſſent aſſez pertinentes: mais elles ne doivent point empêcher que la Loi ne ſoit générale, ſauf les exceptions & modifications que Meſſieurs les Intendans jugeront à propos d'ordonner, après avoir envoyé leurs avis au Conſeil, & reçû les ordres de Sa Majeſté ſur ce ſujet.

En baſſe Auvergne, où cet établiſſement eſt fort ancien, les Commiſſaires ne ſouffrent point, non plus qu'en Poitou, Aunis & Xaintonge, que les Gardes Etalons ayent des Bouriquets, s'ils n'ont de beaux Chevaux: & il n'y a qu'eux qui ayent la liberté d'en tenir: les autres Particuliers ne joüiſſent d'aucuns Privilèges, & ne peuvent eſpérer d'y participer, s'ils ne ſont en même-tems Gardes Etalons.

En Franche-Comté, c'eſt-à-dire, dans le Bailliage d'Orgels, qui eſt le ſeul Canton de la Comté de Bourgogne où il y ait de ces Animaux, les Baudets ne ſont pareillement tenus que par ceux qui ont de beaux Etalons. Il y en a actuellement dix-ſept d'approuvés: mais quant à ce qui concerne la Taille, ces Baudets n'ont de hauteur que depuis trois pieds dix pouces juſqu'à quatre pieds: les gens de ce Pays-là ne voulant que de petits Mulets, qui ſont plus propres que les autres pour le tranſport des bois aux Salines de Salains, ainſi il n'eſt pas néceſſaire d'avoir dans ce Département des Baudets plus hauts: il ſeroit même dangereux d'ordonner que ceux qui ſeroient de moindre taille fuſſent coupés: ce qui pourroit convenir à cet égard dans l'Aunis & le Poitou, deviendroit préjudiciable dans le Comté de Bourgogne.

Quand les Mules & les Mulets diminuent de prix, & que les Poulains se vendent bien, les Particuliers font servir la plus grande partie de leurs Jumens aux Chevaux, si elles sont de Taille à donner de beaux Poulains : & afin qu'elles leur donnent plus sûrement du fruit, ils commencent par les faire servir par les Animaux : & si elles redeviennent en chaleur après être réfroidies, ils les font servir par un Cheval, y en ayant plusieurs qui ne retiennent point de l'Animal. Il est très-nécessaire de conserver cette liberté aux Particuliers, mais sans préjudicier à l'ordre des Rolles touchant les Jumens annexées aux Etalons.

On n'a pû mieux concilier le service des Etalons & des Animaux, qu'en ordonnant aux Gardes de donner les plus grandes Jumens à l'Etalon, suivant les Rolles des Commissaires : ce qui n'est point contraire au bien des Particuliers qui n'en souffrent aucune perte, puisque si le fruit d'un Poulain n'est pas aussi prompt que celui d'un Mulet, ils en sont dedommagés par l'excédent. On peut ajoûter pour bonne raison à ce Réglement, que l'obligation au Garde de faire distinction des grandes & des petites Jumens, l'assujettit à n'avoir que de beaux Etalons, par le risque où il se trouveroit qu'on ne supprimât son mauvais Cheval, & qu'on ne lui ôtât par conséquent l'usage de ses Animaux. On voit par ce détail que ce Commerce semble reservé aux Provinces de Poitou, Aunis, Xaintonge, Auvergne & Franche-Comté : que le haut Poitou fournit seul les Animaux de la plus grande Taille, & les Mulets en plus grande quantité. Les Animaux sont très-inférieurs dans le bas Poitou. On peut compter sur 400 Animaux, & un peu plus, aprouvés & servant uniquement à ce Commerce. Le bas Poitou en occuppe environ 25, le haut Poitou 250, l'Aunis & la Xaintonge 62, la haute Auvergne 24, la basse Auvergne 34, & la Franche-Comté 17 ou 18, qui produisent, année commune, 18 à 19000, Mules ou Mulets.

Il s'éleve encore quelque Mulasse dans les Provinces de Languedoc, Guyenne, Angoumois & Dauphiné. Les Particuliers y tiennent des Animaux au défaut d'Etalons qui y sont en fort petit nombre. Il sera bon d'y apporter la même regle & police que dans les autres Départemens, & de ne permettre qu'aux seuls Gardes Etalons de tenir des Animaux ; mais en Limousin ce Commerce doit être absolument interdit.

Le produit de la Mulasse est d'un très-considérable revenu au Poitou, il paye au Roi un quart des Impositions qui s'y levent. Les Marchands d'Auvergne les y achetent à neuf mois, & les élevent chez eux pour le Piedmont & la Savoye.

Les Bayonnois les achetent aussi à neuf mois & à deux ans, & en font un grand débit en Espagne.

Les Provençaux & ceux de Languedoc les achetent à trois ans pour les Charuës & les Littieres, & enlevent tout ce qu'il y a de plus grand & de plus beau : ils en font aussi un débit assez considérable dans la Savoye.

Les Dauphinois y font le même Commerce en tems de Guerre.

Le principal objet des Haras étant de multiplier & de perfectionner l'Espece de Chevaux, on ne peut guéres étendre le nombre des Animaux plus loin dans le Royaume, sans nuire au Commerce du Poitou & de l'Aunis, comme Pays de convenance à cette production, par l'abondance de leurs Pacages, Marais & Pâturages. Une liberté indéfinie dépeupleroit insensiblement les Provinces de Chevaux ; & comme la Mulasse ne se reproduit point par elle-même, on ne peut l'augmenter qu'à la perte des Chevaux beaucoup plus nécessaires à la France. Les Foires ne produiroient plus le même profit ; les plus considérables fournissent les autres Provinces d'un nombre infini de jeunes Chevaux pour leurs besoins particuliers ; & ces mêmes Chevaux dans un tems de Guerre se vendent de la seconde main pour la Cavalerie, &c. L'on ne peut douter que ce double Commerce ne soit plus utile à l'État & aux Particuliers, que le grand nombre de Mules & de Mulets, quand même le débit en seroit aussi facile en Paix que dans les tems de Guerre.

On avoit proposé pour la perfection de l'Espece dans les Provinces où cet établissement doit subsister, de faire venir des Bouriquets de la plus grande Taille d'Egypte, de Malthe & d'Alicant, où ils sont d'une beauté fort supérieure à ceux du haut Poitou ; mais avant de s'engager dans une pareille dépense, il faudroit sçavoir s'ils ſont effectivement plus forts & plus épais que les nôtres. On prétend que l'on a aſſayé de ceux d'Egypte dans la Province d'Auvergne & qu'ils n'y ont rien produit, ce qui eſt aſſez ordinaire dans les Animaux de toutes eſpeces, lorſqu'ils paſſent d'un Climat fort chaud dans un Pays temperé; d'autant que l'on a l'expérience que ceux mêmes de Poitou ne réüſſiſſent point en Auvergne, & que l'on s'en eſt tenu à ceux du Pays. Il pourroit arriver auſſi que ces Animaux étrangers ne ſe trouveroient pas de bonne volonté, puiſque l'on en voit aſſez communément de ceux de Poitou qui ne veulent point de Jumens.

Il ſera bon de conſulter encore ſur ce ſujet les gens les plus entendus; & s'il ſe préſentoit des Particuliers qui vouluſſent ſe charger d'en faire l'épreuve, & entrer pour moitié dans cette dépenſe, le Roi voudroit bien ſupporter l'autre, & donner ſes ordres aux Conſuls de la Nation Françoiſe dans les Pays ci-deſſus, de faire ces ſortes d'emplettes avec toutes les précautions & l'œconomie poſſibles. On pourroit encore eſſayer de faire venir un nombre des plus belles Bouriques, & les faire couvrir ſur les lieux par des Animaux épais & vigoureux, un mois avant leur Embarquement, en prenant de juſtes meſures pour les faire arriver en France avant de faire leurs Bouriquets.

Meſſieurs les Intendans examineront, s'il leur plaît, tout ce que le Conſeil a eſtimé néceſſaire de leur obſerver ici ſur cette matiere, ſur quoi ils donneront leur avis, Sa Majeſté voulant néanmoins qu'ils tiennent la main à l'exécution des Articles du Reglement des Haras touchant le ſervice deſdits Animaux, ſans y apporter aucun changement, ſi ce n'eſt par ſes ordres, & après les obſervations qui lui en ſeront venuës de leur part.

XXX. Comme il ſeroit très-difficile aux Commiſſaires de connoître par eux-mêmes le relâchement des Gardes Etalons hors les tems de leurs viſites ordinaires, encore moins de pouvoir ſurprendre dans les Communes les petits Chevaux qui cauſent tant de deſordre dans les Haras, de même que les Coureurs de Campagne & autres Particuliers ſedentaires qui tiennent des Chevaux entiers & les font ſervir d'Etalons, contre les défenſes expreſſes de Sa Majeſté; &

qu'il se trouve enfin gens qui résusent quelquefois d'obéïr aux Ordonnances de Messieurs les Intendans, on a représenté qu'il étoit nécessaire que lesdits Commissaires eussent un ou deux Gardes auprès d'eux avec des Bandolieres pour servir sous leurs ordres, & se transporter dans les lieux les plus susceptibles de contraventions, pour surprendre les Particuliers qui tomberoient en faute, ou les contenir du moins par l'incertitude du moment où ils pourront être observés & surpris, pour, sur leurs Procès-verbaux, être ordonné ce qu'il appartiendra par Messieurs les Intendans ; & d'autant que l'on s'est déja servi assés utilement de Gardes Haras dans aucuns des départemens, lesquels se sont contentés pour toute retribution de joüir des mêmes Priviléges accordés aux Gardes Etalons, & de participer pour moitié aux amendes prononcées sur leurs Procès-verbaux par Messieurs les Intendans, le Roi a entierement approuvé la proposition qui lui a été faite à cet égard, & de rendre cet établissement général dans tout le Royaume. Ainsi Sa Majesté permet à Messieurs les Intendans d'établir un ou deux Gardes Haras dans l'étenduë du Département de chaque Commissaire, pour servir sous les ordres desdits Commissaires qui donneront auxdits Gardes toutes les instructions qu'ils estimeront à propos, pour se bien acquitter de leurs missions, & dont ils doivent envoyer copie au Conseil. Lesdits Gardes Haras seront pourvûs de Commissions de Messieurs les Intendans, auxquels le Conseil recommande de préférer toujours les Sujets les plus affectionnés aux Commissaires, & sur les connoissances qu'ils auront de leur zéle & fidélité.

Le Conseil répétera encore, à l'occasion des contraventions qui se commettent sur le fait des Haras, qu'il lui paroît de toute nécessité d'apesentir un peu la main contre ceux qui font servir des Chevaux non approuvés, en leur faisant subir les peines qu'ils auront encouruës ; & la même chose à l'égard des Propriétaires des petits Chevaux non entravés, afin que les exemples puissent arrêter ces sortes d'abus, comme les plus préjudiciables au progrès des Haras ; cependant, sur ce qui regarde les Chevaux non approuvés, Messieurs les Intendans se souviendront qu'il est libre aux Particuliers qui ont des Chevaux entiers & des Jumens à eux appartenant, de faire servir leurs Cavales par leurs propres Chevaux, & que les défenses roulent sur le service public desdits Chevaux entiers non approuvés, lesquels doivent être confisqués, avec amende contre les Propriétaires, s'ils servent d'autres Cavales que celles appartenantes aux Propriétaires desdits Chevaux entiers.

XXXI. Une chose digne de l'attention de Messieurs les Intendans, est que tous les Articles qui composent le nouveau Réglement & les instructions touchant l'administration desdits Haras, il n'y en a aucun qui n'ait été discuté, & dont l'exécution ne soit très-possible, puisqu'elle a lieu, sinon dans toutes les Provinces, du moins dans celles où les Commissaires ont marqué une véritable envie de bien faire. L'on sçait que de tous ces principes généraux, aucuns pourroient être opposés à la constitution & disposition naturelle des Pays, mais l'on entend parler de cette diversité d'opinions qui tendent d'ordinaire au relâchement des Loix les plus sages.

Le Conseil peut donc avancer à Messieurs les Intendans, qu'après que l'on se sera efforcé de leur prouver une sorte d'impossibilité dans l'exécution d'aucuns des Articles desdits Réglement & Instructions, on leur fera connoître en même-tems que les mêmes choses s'exécutent ailleurs sans aucunes contraintes ni recours à la force majeure, parce que la bonne volonté opere chez les uns ce que le défaut de zéle & l'obstination rendent impossible chez les autres. C'est sur ces sortes de représentations qu'ils sont priés d'être fort en garde, & de ne s'en point rapporter aux personnes intéressées & éloignées de tout ce qui s'appelle sujection, en sorte, du moins, que ceux qui sont capables de raison & de docilité ne soient pas détournés de bien faire par le mauvais exemple des autres.

Les Commissaires doivent véritablement ménager l'esprit des Gardes Etalons ; & Messieurs les Intendans jugeront des occasions où ils devront de leur côté user des voyes de menaces ou de douceur.

XXXII. Ils trouveront ci-joint la Déclaration du Roi du 22 Septembre 1709, touchant les Priviléges de Gardes Etalons.

Le Réglement de Sa Majesté du 22 Février 1717, sur l'administration & police générale desdits Haras, en fin duquel sont tous les Modéles ou Formules d'Expéditions à fournir par les Commissaires desdits Haras.

Une

Une inſtruction particuliere aux Commiſſaires, qui leur explique plus en détail le devoir de leur emploi.

Et un Mémoire inſtructif aux Gardes Etalons ſur ce qui concerne leurs obligations, dont le détail n'a pû être compris dans ledit Reglement

Le Conſeil recommande très-fortement à Meſſieurs les Intendans de vouloir bien prendre une connoiſſance parfaite de toutes ces nouvelles diſpoſitions, pour pouvoir agir en connoiſſance de cauſe, ſans aucun découragement par rapport au petit objet dont les Haras pourroient être dans aucunes des Provinces du Royaume, puiſque ce ſera toujours ſervir le Roi dans le peu qu'ils opereront, & qu'il leur en ſera tenu un égal compte, Sa Majeſté n'exigeant point d'eux l'impoſſible, & ſeulement que chaque Province concoure, ſelon ſes propriétés, à l'augmentation deſdits Haras, dont le progrès eſt ſi lent & ſi difficile, qu'on ne peut prevenir de trop loin la préparation que cela demande par rapport aux beſoins du Royaume préſens & à venir. Les Haras ſont un bien commun pour tous les Sujets de l'État, il faut pareillement que les Provinces y participent, & l'on doit enfin revenir de l'erreur où l'on a été, qu'il ſuffiroit de s'attacher aux ſeules Provinces qui y ſont les plus propres, puiſque non-ſeulement elles ne pourroient jamais fournir le nombre & la qualité ſuffiſante pour tous les beſoins du Royaume, ſur tout en tems de Guerre, mais que ces Pays affectés aux Haras donneroient continuellement la Loi aux autres Provinces, lorſqu'elles peuvent ſe fournir par elles-mêmes de Chevaux de toutes Eſpeces.

Meſſieurs les Intendans feront faire toutes les Publications qu'ils eſtimeront néceſſaires de ces nouvelles diſpoſitions, afin que perſonne n'en prétende cauſe d'ignorance. Les Commiſſaires leur préſenteront les Mémoires du nombre de Formules dont ils auront beſoin, ſur leſquels ils donneront leurs ordres à leurs Imprimeurs pour l'Impreſſion deſdites Formules; & le Roi en ſupportera la dépenſe de la même maniere qu'il ſe pratique pour toutes les Impreſſions que leſdits ſieurs Intendans ordonnent concernant le ſervice de Sa Majeſté. FAIT au Conſeil le vingt-huit Février mil ſept cens dix-ſept. *Signé*, LE DUC D'ANTIN. *Signé*, BRANCAS. *Et plus bas*, MORET.

MÉMOIRE

Du Conseil du dedans du Royaume, pour servir d'Instruction aux sieurs Commissaires-Inspecteurs des Haras dans les Provinces du Royaume.

COmme il n'a pas été possible de comprendre dans un Réglement toutes les observations à faire sur la discipline & l'avancement des Haras, le Conseil qui donne toute l'attention qu'exige l'importance de cette affaire, a estimé du bien du service de dresser la presente Instruction, comme un supplément nécessaire des Intentions de Sa Majesté touchant les fonctions & le devoir des Commissaires-Inspecteurs desdits Haras.

ARTICLE PREMIER.

Lesdits Commissaires-Inspecteurs sont chargés de faire leur premiere Revûë dans les mois de Mars, Avril & Mai, qui est le tems de la Monte. Ils voyent les Etalons, & reçoivent les plaintes des Gardes. Ils ordonnent le changement & remplacement des Chevaux, ainsi qu'ils l'estiment à propos pour le bien du service, dont ils rendent compte à Messieurs les Intendans; & la permission aux Gardes de se défaire de ceux encore jugés propres au service, ne leur est accordée que lorsqu'ils presentent d'autres Etalons qu'on juge pouvoir les remplacer plus utilement. C'est dans cette Revûë que les nouveaux Gardes se presentent ordinairement; les Commissaires les reçoivent, à la charge d'avoir des Etalons convenables à la seconde Revûë, qui est celle de Messieurs les Intendans; lesdits Gardes donnent leurs Soumissions à cet effet, & les Commissaires leur fournissent leurs Certificats, pour que leur qualité soit connuë; & sur ces Certificats Messieurs les Intendans leur delivrent leurs Commissions, au moyen de quoi ils joüissent des Priviléges qui leur sont accordés. Lesdits Commissaires-Inspecteurs prennent connoissance & reçoivent les Mémoires des Impositions des Gardes à la Taille des Terres qu'ils exploitent & des Fermes qu'ils tiennent, pour en rendre compte à Messieurs les Intendans aux Départemens: ils dresſent enſuite leurs Procès-verbaux de premiere viſite qu'ils preſentent à Meſſieurs les Intendans pour y mettre leur Vû ; ils les envoyent auſſi-tôt au Conſeil du dedans du Royaume, en laiſſant une copie auxdits ſieurs Intendans ; & un peu avant le Départ deſdits ſieurs Intendans, ceux-ci envoyent aux Commiſſaires-Inſpecteurs un Etat de leurs tournées, où ils marquent les jours qu'ils ſe doivent trouver dans chaque lieu, & celui de leur Revûë dans chaque Election, à laquelle le Commiſſaire aſſiſte indiſpenſablement. Ils adreſſent en même-tems leurs ordres auxdits Commiſſaires pour les Gardes Etalons, qu'ils leur font tenir par les Gardes Haras, pour ſe trouver à la Revûë de Meſſieurs les Intendans aux lieux & aux jours marqués. Les Gardes qui y manquent doivent être rayés des Rolles, ſauf à les punir plus ſeverement, ſi le cas y échet. Les nouveaux Gardes qui ne preſentent point de beaux Chevaux ne ſont point reçûs : leſdits Commiſſaires ſe chargent de toute leurs Requêtes pour les preſenter à Meſſieurs les Intendans, qui les examinent & y répondent en faiſant leurs Départemens, & reglent enfin toutes les conteſtations qui ſurviennent entre leſdits Gardes, les Officiers des Elections, les Receveurs des Tailles & les Collecteurs. Les Procès-verbaux qu'ils dreſſent de cette ſeconde viſite ſont pareillement envoyé au Conſeil du dedans du Royaume, après avoir été vûs de Meſſieurs les Intendans. Voilà en général où ſe reduiſent les mouvemens de leurs emplois. Il s'agit de leur faire connoître plus particuliérement l'attention qu'ils doivent donner aux choſes qui peuvent contribuer à l'ordre, à la diſcipline, à la connoiſſance & perfection d'un établiſſement auſſi utile qu'important au bien du Public & de l'Etat en général.

II. Ils doivent ſçavoir que leur caractere ne leur permet, ſous aucun prétexte, de prononcer ſur aucun Chef, ni de rendre des Ordonnances ; & qu'ils n'ont que la voye de repréſentation auprès de Meſſieurs les Intendans, qui peuvent ſeuls ſtatuer & donner leurs ordres & Ordonnances ſur les differens incidens qui ſurviennent, & ſur les changemens qui ſe propoſent & qu'il convient de faire dans le cours de chacune année, & la même choſe à l'égard des contraventions. C'eſt ſur ce principe qu'il leur eſt ordonné de faire viſer leurſdits Procès-verbaux par Meſſieurs les Intendans, afin qu'ils ſoient généralement informés de tout ce qui se passe en conséquence de leurs ordres.

III. On eut avis au commencement de l'établissement des Haras, que quelqu'uns des Commissaires faisoient un Commerce ouvert de Chevaux, & obligeoient les Gardes Etalons à les recevoir de leurs mains pour le prix qu'ils y mettoient : & quoique le Conseil soit bien informé que pareille chose ne subsiste point aujourd'hui, il estime néanmoins à propos d'expliquer auxdits sieurs Commissaires que le Roi ne souffrira jamais qu'ils se rendent Marchands de Chevaux, & qu'il leur doit suffire d'en avoir le nombre qui convient à leur usage particulier.

IV. La Visite générale ordonnée aux Commissaires-Inspecteurs suivant la Formule en fin du nouveau Reglement, a paru au Conseil d'une necessité indispensable, puisqu'il est impossible de juger du mérite d'un établissement de Haras, si l'on ne sçait d'abord le nombre & la qualité des Jumens répanduës dans chaque Province ou Département. Ce recensement est encore nécessaire pour regler la quantité d'Etalons à placer dans chaque Canton, & parvenir à en fixer le nombre dans tout le Royaume, afin de faire cesser une bonne fois les plaintes, bien ou mal fondées, de ceux qui prétendent que l'on nomme souvent des Gardes Etalons dans les Paroisses dépourvûës de Jumens & de Pacages, dans la vûë de favoriser un particulier qui cherche uniquement à joüir des Priviléges de Garde Etalon ; & le Conseil se trouvera en état par ce travail de juger de la qualité des plaintes qui lui seront adressées en pareil cas.

V. Après le recensement des Jumens, ils feront leurs observations dans chaque Election, Bailliage ou Evêché, sur leur étenduë & quantité de Paroisses qui les composent, leurs situations ; les differentes Rivieres qui les arrosent, le nombre d'Arpens de Prairies, Herbages, Pâtures, Pâturages, Pacages, Marais, Communes ou Landes, & généralement sur tout ce qui peut donner une idée parfaite de la nature du Pays ; le succès de l'établissement d'un Haras dépendant en partie de ces connoissances, comme du choix des Etalons, selon les constitutions differentes des Pays, Tailles & qualités des Jumens. Il leur sera envoyé plusieurs Exemplaires en grand Papier de ladite Formule, pour leur éviter un travail de regle & de compas, & d'une trop difficile exécution pour des Gentilshommes; en sorte qu'il ne leur restera qu'à remplir les Colonnes desdits Modéles.

VI. Indépendamment de l'ordre à suivre par ladite Formule, ils s'informeront encore des changemens qu'il est à propos de faire dans les Etalons du Roi ou approuvés; si dans ceux qui resteront on en peut esperer de beaux Poulains de Taille & biens faits pour Chevaux de Maître & de Chasse, ou pour la Guerre, ou pour la Maison du Roi; ou s'ils ne conviennent que pour des Cavaliers & des Dragons: & enfin ils étudieront quelle est l'espece naturelle des Chevaux de chaque Pays, soit de tirage ou de monture; si les Poulains du Pays ne sont point attaqués de vices, maladie ou accident ordinaires: si les Chevaux étrangers réüssiroient dans le Pays préferablement aux Chevaux François; l'Espece & la Taille les plus convenables. Et à l'égard des Pâturages, ils sçauront des gens du Pays s'ils ne sont point trop gras ou trop humides, & quelle est la qualité desdits fonds; & si les défauts ordinaires des Chevaux du Pays ne proviennent point de la qualité desdits Pâturages; si par ces differences, dans une même Province, elles ne produisent point des Chevaux d'une nature differente les uns des autres; & par conséquent s'il convient d'elever des Chevaux fins & déchargés dans un Canton, & des Chevaux épais propres au Carosse & au tirage dans d'autres, la maniere dont les Etalons sont gouvernés; si on les tient à l'épave ou à l'Ecurie toute l'année, ou si l'on partage ces differentes façons selon les saisons: la maniere dont on y éleve les Poulains; si on les laisse à l'herbe toute l'année sans les en retirer que dans le temps des Neiges, ou si on les fait passer l'Hyver à l'Ecurie, & comment on les y nourrit: les changemens à faire dans les usages des Pays pour perfectionner l'établissement; & si à force de soins & d'attentions on peut esperer de parvenir à avoir de beaux Chevaux de toutes especes & de la reputation de ceux des Pays Etrangers. Ils feront encore leurs observations particulieres sur les Cantons qui ont été les plus négligés jusqu'à-present: ils en expliqueront la cause, & si l'on doit songer à y placer des Etalons, ou renoncer pour jamais à y tenir des Haras.

VII. Ils prendront connoissance du nombre des Foires aux Chevaux qui ſe tiennent pendant le cours de l'année dans l'étenduë de leurs Départemes, dont ils envoyeront des Etats diſtincts & ſeparés au Conſeil. Ils les diviſeront en ſept Colonnes, ſur du grand Papier: la premiere marquera les noms des Elections, Bailliages ou Evêchés; la deuxiéme, les noms des lieux où ſe tiennent leſdites Foires; la troiſiéme, les jours & mois; la quatriéme, la quantité à peu près de Chevaux & de Poulains qu'on mene à chacune deſdites Foires; la cinquiéme, de quels Pays ils ſont; la ſixiéme de quelle eſpece; la ſeptiéme, le prix ordinaire des Chevaux & Poulains. Et comme ce travail peut exiger les ſecours des gens des lieux, & entr'autres des Subdélégués de Meſſieurs les Intendans, & des principaux des Villes, pour avoir tous les éclairciſſemens néceſſaires ſur ce ſujet, ils s'adreſſeront à Meſſieurs les Intendans, & les prieront de donner leurs ordres à leurs Subdélégués, aux Maires, Conſuls ou Syndics, pour les obliger de répondre poſitivement à toutes leurs queſtions. Au ſurplus, leſdits Commiſſaires-Inſpecteurs ſont informés qu'il doit regner une liberté entiere dons leſdites Foires ſur la vente des Chevaux, Cavales & Poulains, & qu'il ne leur eſt pas permis de prendre aucun Cheval, même pour le ſervice des Haras, ſi ce n'eſt de gré à gré, & en payant le prix convenu aux Propriétaires.

VIII. Ils ne doivent point craindre, à l'occaſion de toutes ces obſervations, d'allarmer les Peuples plus que de raiſon, par l'idée qu'ils ont ſouvent que l'on ne prend toutes ces connoiſſonces que pour leur impoſer quelque taxe nouvelle, à proportion du profit qu'ils peuvent faire ſur le produit de leurs Cavales, puiſque le temps les perſuadera du contraire, & qu'ils connoîtront que tous ces ſoins tendent uniquement au bien public: & le Roi ordonne auſdits Commiſſaires-Inſpecteurs de paſſer legerement ſur des conſidérations auſſi frivoles, qui n'ont pour fondement que l'éloignement de toute ſujection & de régle: Sa Majeſté leur permet néanmoins d'apporter dans ces commencemens de Viſites génerales les ménagemens & précautions qu'ils eſtimeront à propos, ſans cependant ſe relâcher de tout ce qu'ils doivent exiger & des Communautés des particuliers, à peine d'en répondre.

IX. Ils remarqueront touchant les modéles des Procès-verbaux de premiere & seconde visites en fin du nouveau Reglement, que la Colonne des Paroisses doit être distinguée : Sçavoir, dans les Pays d'Election, par le nom de chaque Election en tête : en Bourgogne, en Bresse & en Franche-Comté, par Baillage : en Bretagne, par Evêchés : en Languedoc, la même chose : Calais & Ardres, par le Gouvernement de Calais, distingué par le haut & le bas Pays, & le Gouvernement d'Ardres : le Bearn, par Sénéchaussées & Vallées : la Navarre, par Pays & Paroisses : le Pays de Soule, par Degueries & Paroisses. La recapitulation du Procès-verbal de premiere Visite comprend quatre Colonnes : la premiere, pour rappeller le nombre des Etalons Royaux & approuvés de la précédente année : la seconde, pour marquer le nombre actuel desdits Etalons Royaux & approuvez : la troisiéme, pour faire connoître l'augmentation desdits Etalons : & la quatriéme, pour faire voir la diminution par rapport aux Totaux desdites especes : & du premier coup d'œil, le progrès ou le déperissement des Haras dans un Département, ce qui est proprement un état de comparaison. La recapitulation du Procès-verbal de seconde Visite comprend six Colonnes : la premiere rappelle le nombre des Etalons effectifs tant au Roi qu'approuvés : ensuite le nombre des Jumens sautées à la Monte derniere, & le nombre des Poulains & Pouliches nés de la Monte précédente : la deuxiéme Colonne est pour marquer les Totaux de chaque espece. Ces deux premieres Colonnes ne sont qu'une répétion de l'état des Haras de l'année précédente : la troisiéme & la quatriéme expriment le nombre présent des mêmes especes avec les Totaux : la cinquiéme & la sixiéme font connoître, par comparaison d'un Total à un autre, l'augmentation ou la diminution d'une année à l'autre, tant sur le nombre des Etalons, que sur les Jumens saillies, Poulains ou Pouliches nés d'une Monte à l'autre.

X. Ils verront avec soin l'espece d'Etalons qui a le mieux réüssi, pour s'assûrer de la qualité de ceux qui conviendront le mieux au Pays, soit étrangers, soit des Provinces du Royaume ou du Pays même : sur quoi ils ne sçauroient trop consulter les gens connoisseurs & entendus, & particulierement ceux qui ont déja élévé des Poulains, puisqu'il y a souvent de la prévention dans le goût des Particuliers, par rapport au choix & à l'eſpece deſdits Etalons : dans ce cas c'eſt auxdits Commiſſaires-Inſpecteurs à en décider ſelon leurs lumieres, & à travailler peu à peu à les déſabuſer.

XI. Les Etalons ne peuvent être trop beaux ni trop parfaits, les Poulains tenant toujours beaucoup plus du pere que de la mere. La Taille & la tournure d'un Etalon ſeront depuis quatre pieds neuf & dix pouces, juſqu'à cinq pieds de haut, ayant du corps, beau ſabot, la jambe large & fine, le nerf bien détaché, point de poil aux jambes, bien traverſés, ouverts devant & derriere, la côte ronde, point enſelés, peu d'épaules, l'encolure longue, ſans col de ſerpe, petite tête ſans ganache, l'oreille bien piquée & petite, bridant haut d'un air noble : & dans tout cela une certaine fineſſe, proportionnée cependant à ce que l'on appelle un Cheval qui a du Corps, & ſur tout mangeant bien, zain ou non, il n'importe : & ſe ſouvenir qu'un fort beau Cheval peut être un fort mauvais Etalon.

XII. On a repréſenté, vû la difficulté qu'il y a de trouver des Particuliers qui veüillent ſe charger de l'achat & entretien de Chevaux pour ſervir d'Etalons, que les réformes ne doivent ſe faire que peu à peu : & qu'il étoit néceſſaire d'uſer d'indulgence, pour ne point effaroucher les Particuliers ni les éloigner de cet établiſſement. On donnoit pour exemple que les Etalons qui reſtent toute l'année dans les Pacages ne pouvoient être ſoignés comme ceux que l'on tient dans les Ecuries : ce qui n'empêchoit pas que quoique moins beaux du premier coup d'œil, ils ne puſſent donner de belles races & déplaire en même-tems ; mais cette obſervation ne pouvant regarder que les Etalons qui reſtent dans les Pacages, le Conſeil n'heſite point d'ordonner auxdits Commiſſaires de ne ſouffrir aucuns Etalons qu'ils ne ſoient d'une beauté parfaite, & de revoquer ſans balancer tous ceux qui ſeront jugés défectueux.

XIII. Le Roi ayant fixé au nombre de trente ou trente-cinq les Jumens qui ſeront données aux Etalons, les Commiſſaires auront ſoin d'examiner ſi quelques-uns deſdits Etalons ne ſont point ſurchargés par rapport à leur force, âge ou vigueur, pour y apporter le remede convenable. On n'en donne gueres cependant que vingt & vingt-cinq, au plus, aux Etalons qui ſont toujours à l'Herbe ou à

l'Epave,

l'Epave, étant moins vigoureux que ceux qui ſont tenus toute l'année à l'Ecurie, & l'expérience fait connoître journellement que les autres ſe ruïnent en moins de trois ans. Dans les Pays peuplés de Cavales, où les Pacages ne ſont point abondans, & par conſéquent où les Particuliers n'ont pas toutes les facilités néceſſaires pour y élever des Poulains, les Commiſſaires ont la précaution, après avoir déſigné les Paroiſſes circonvoiſines d'où les Jumens ſeront amenées à l'Etalon du Roi ou approuvées, de former leur Rolle de 100 Jumens au moins, dont trente ou trente-cinq doivent être ſervies la premiere année, & les autres ſucceſſivement & à tour de Rolle ; en ſorte que toute les Cavales ſont deux années entiéres ſans aller à l'Etalon. Cet uſage qui eſt propre à certains Cantons ne doit point être regardé comme une Loi ; mais il doit ſervir à établir par tout le Royaume, autant qu'il ſera au pouvoir des Commiſſaires, au moins une année de repos pour chaque Cavale. Les raiſons de ce tour de Rolle, & de l'avantage qui en réſultera pour l'avancement & la perfection des Haras, ſe font trop bien ſentir pour en donner ici l'explication. Il s'agit ſeulement dans ces commencemens de ne point réfuſer abſolument aux gens mal-aiſés, & qui comptent ſur le revenu annuel de leurs Poulains, la liberté de faire ſaillir leurs Jumens toutes les années. Les Rolles de celles qui doivent être ſervies par les Etalons du Roi ou approuvés, ont été totalement négligés dans d'autres Provinces, ſous prétexte de la liberté qu'il convient de laiſſer aux Particuliers ſur le choix deſdits Etalons ; & parce que dans ces mêmes Pays les Jumens s'y trouvent en très-grand nombre, & que les Etalons n'y manquent jamais de pratique, ni les Poulains de Pâturages, les Commiſſaires y obſervent ſeulement d'avertir les Gardes Etalons de faire ſervir les plus belles Cavales par l'Etalon, & de ne donner aux Bouriquets que les plus petites Jumens. On ajoûte un autre exemple à l'égard du bas Poitou, où le principal revenu des Habitans conſiſte en Herbages & Pâturages : les Propriétaires de ces Marais ſont obligés d'avoir pluſieurs Jumens pour les conſommer ; & l'on dit que le profit de ces Jumens leur deviendroit inutile, s'ils n'avoient pas de bons Etalons pour les ſervir ; que s'ils ne ſont pas toujours en état d'acheter la quantité de Jumens qu'il leur faudroit pour la consommation de leurs Herbages, les Habitans des Paroisses voisines situées dans la Plaine & dans le Bocage envoyent les leur paître dans les Marais pendant les mois d'Avril, Mai & Juin ; qu'ils choisissent les endroits où sont les plus beaux Etalons, pour faire couvrir ces Jumens, & payent pour cela une retribution de 10 à 12 livres pour chaque Jument ; en sorte que l'ordre des Rolles y paroît également inutile. Mais il résulteroit de ces conséquences une liberté indéfinie, qui dégénéreroit à un abandon total de toute Regle, Inspection & Police. Ainsi en aucun cas, ni sous quelque prétexte que ce puisse être, les Commissaires ne pourront se dispenser de l'ordre des Rolles des Jumens qui seront servies par les Etalons, soit que les Gardes soient Propriétaires d'un nombre considérable de Cavales, soit qu'ils tiennent dans leurs Marais pendant trois & quatre mois celles des Particuliers pour la consommation de leurs Herbages, puisque dans ce dernier cas elles ne doivent point être servies indifferemment par les Etalons, & que celles d'une taille & d'une qualité médiocre doivent être tenuës dans des Herbages séparés des Etalons, à peine d'amende contre les Propriétaires des Marais qui contreviendront aux ordres qui leur seront donnés par les Commissaires.

XIV. Le Conseil est informé que les Rolles des Poulains & Pouliches sont les moins exacts de tous, par le peu de soin que prennent lesdits Gardes Etalons de s'informer du produit des Jumens sautées ; s'excusans pour l'ordinaire sur ce qu'une partie desdites Jumens est venduë ou échangée entre les deux Montes, ou n'est point ramenée l'année suivante au même Haras ; mais il leur sera toujours très-aisé d'écrire ou de faire écrire sur le Rolle qui leur est donné par le Commissaire, que la Jument d'un tel a fait un Poulain, celle d'un autre une Pouliche ; qu'un autre est avortée, & que celle d'un tel a été venduë pleine, ou qu'elle n'a point été servie. Lesdits Commissaires-Inspecteurs leur feront observer plus d'exactitude à l'avenir, à cet égard, en les obligeant de se conformer aux modéles de Rolles qu'ils leur doivent laisser. Et lorsqu'ils ne pourront pas les y assujettir par eux-mêmes, ils examineront si ce défaut provient d'ignorance ou de malice & opiniâtreté ; dans le premier cas, ils les exhorteront à avoir recours à ceux de leurs Compatriotes qui sçauront écrire, pour remplir les Colonnes desdits Etats ; & dans le second, lesdits Commissaires auront recours à Messieurs les Intendans, afin qu'ils puissent, en connoissance de cause, leur faire subir la peine qu'ils auront méritée. Lesdits Commissaires leur feront même valoir que Sa Majesté a bien voulu les dispenser de l'ordre des Registres qu'on les obligeoit de tenir ci-devant, & que rien n'est plus facile pour eux que de remplir les modéles d'Etats qui leur doivent être donnés par les Commissaires.

XV. Les Rolles de la saillie des Jumens ne peuvent causer ni embarras ni perte de tems auxdits Gardes : ils leur seront utiles au contraire pour le payement du droit du Saut, qu'ils peuvent fonder sur lesdits Rolles, en les faisant attester par le Syndic ou Curé, ou principal Habitant du lieu, pour servir d'autant plus à établir leur dette, & la contravention des Particuliers qui auroient mené leurs Jumens à d'autres Etalons ; & les Habitans Propriétaires desdites Jumens ont aussi un interêt sensible que les Rolles des Jumens annexées aux Etalons soient dressés dans la forme prescrite, parce que, suivant la disposition du Réglement des Haras, les Jumens destinées aux Etalons approuvés ne peuvent être saisies pour quelque cause que ce soit, ni les Poulains qui en proviennent, & qu'il leur est également nécessaire de trouver la preuve que leurs Jumens & Poulains sont dans le cas dudit Privilége.

XVI. Lorsqu'un Etalon succedera à un autre dans la même Paroisse, les Commissaires-Inspecteurs se dispenseront de rappeller le Rolle des Jumens annexées à l'Etalon de ladite Paroisse, pour ne point fatiguer l'Habitant d'une nouvelle Revûë de ses Jumens ; & le nouveau Garde Etalon se conformera aux Rolles expediés & remis à celui qui l'a précédé.

XVII. Lesdits Commissaires-Inspecteurs s'attacheront à connoître les gens les plus propres à se charger d'Etalons & à les bien entretenir ; ils observeront, autant qu'ils le pourront, de faire choix de bons Bourgeois, Fermiers & Laboureurs, qui par les Priviléges dont ils joüissent en cette considération, sont plus attentifs aux devoirs des Gardes Etalons que les Gentilshommes, l'intention du Roi n'est pas cependant d'exclure les Seigneurs des Paroisses & Gentilshommes de la garde desdits Etalons : ce sera auxdits Commissaires-Inspecteurs à faire choix de ceux qu'ils jugeront les mieux intentionnés pour l'avancement des Haras & capables de se conformer en toutes choses aux intentions de Sa Majesté. Ils auront la même attention à l'égard des Curés, Prieurs, Communautés & Maîtres d'Hôtelleries.

XVIII. Ils examineront si le nombre d'Etalons établis dans leurs Départemens est suffisant pour servir les Jumens des Particuliers, à raison de 30 ou 35 pour chaque Etalon ; ils exciteront par toutes sortes de bonnes raisons les plus aisées à donner leurs soûmissions de se fournir de beaux Chevaux, ou à en recevoir de l'espece, âge & tournure convenable, moyennant une somme dont il sera convenu, payable dans le terme de six mois, en deux payemens égaux, en attendant que des tems plus favorables permettent de les leur distribuer gratuitement, pourvû néanmoins que cela se fasse de gré à gré, sans user de force majeure, pour y contraindre les Particuliers ; le principe général sur lequel on doit travailler, étant de donner une pleine liberté aux Peuples, & de les obliger seulement à garder les formalités nécessaires, pour maintenir le bon ordre & empêcher tous abus, ainsi qu'on l'a déja observé à Messieurs les Intendans ; & où il ne se trouveroit pas de gens assés riches ou d'assés bonne volonté pour faire cette dépense dans les lieux les plus propres à l'établissement, Sa Majesté voudra bien y placer quelques Chevaux, sur les représentations qui en seront faites au Conseil par lesdits Commissaires-Inspecteurs.

XIX. Après l'approbation des Chevaux des Particuliers, ils prendront une connoissance exacte des biens, facultés & tenures des Gardes Etalons, dont ils rapporteront au Département suivant des Etats, avec des Extraits du Rolle de la Taille de la Paroisse d'où ils sont, de trois années au moins, afin de faire connoître à Messieurs les Intendans l'imposition faite par les Collecteurs de ces années précédentes, pour que leurs Taxes d'office se réglent avec connoissance de cause, en présence des Receveurs des Tailles & desdits Commissaires-Inspecteurs, s'agissant de les faire joüir de ce Privilege, & non de les exempter de ce qu'ils doivent porter légitimement : ils feront en même-tems connoître auxdits Collecteurs que la Taxe d'office qu'on donne auxdits Gardes, eſt toujours approchante de ce qu'ils porteroient naturellement : d'ailleurs, les Receveurs des Tailles ont à conſidérer l'utilité qui revient de l'établiſſement des Haras dans une Election, & qu'elle indemniſe infiniment les Cotiſables des Privileges deſdits Gardes : on ſçait même qu'il ſe trouve ſouvent qu'un ſeul Etalon établi dans un Canton pour le ſervice de cinq ou ſix Paroiſſes, acquitte leurs Charges & Contributions, au moyen de la vente de leurs Poulains : qu'ainſi on ne voit point quel préjudice ces Privileges peuvent cauſer aux Taillables, ſur tout après la ſuppreſſion faite d'un nombre conſidérable d'autres Privilegiés par Edit du mois d'Août 1715, qui étoient beaucoup plus à la foule des Cotiſables, que ne le ſeront jamais ceux des Gardes Etalons. Leſdits Commiſſaires-Inſpecteurs s'informeront des Gardes Etalons mêmes des ſujets de plainte qu'ils pourroient avoir tant à l'encontre des Syndics & Collecteurs, que contre les Particuliers qui auront refuſé de ſatisfaire aux Réglemens : ils en dreſſeront des Mémoires en forme de Requêtes à Meſſieurs les Intendans, ſur leſquels ils ſolliciteront leurs Ordonnances ; & ils ſe rendront les protecteurs des Gardes Etalons en toutes rencontres, autant que la juſtice ſera de leur côté, & pour leur procurer une prompte & brieve Juſtice, & ſans frais, s'il eſt poſſible. Mais en même-tems que Sa Majeſté entend que leſdits Gardes Etalons trouvent une entiere protection auprès deſdits ſieurs Intendans, ſon intention eſt qu'ils en ſoient privés, & de tous autres avantages, lorſqu'ils contreviendront à leurs obligations.

XX. Ils repréſenteront par la voye de douceur & de remontrance aux Particuliers combien il eſt avantageux pour eux de conſerver leurs Jumens, au moins juſqu'à un certain âge, & de les avoir belles, puiſque les Poulains qu'elles produiront leur vaudront à proportion de la Taille & tournure deſdites Cavales. Il eſt aiſé de concevoir que ce ſeroit peu de trouver moyen de placer un grand nombre de beaux Etalons pour ſervir de médiocres Jumens, puiſqu'elles contribuent également à la perfection de l'eſpece ; ils doivent donc exciter ceux qui en ont de défectueuſes d'en acheter de bonnes & particuliérement les Curés qui ſont en état de nourrir des Chevaux.

Ce sera, en travaillant à élever la Taille des Jumens, que l'on parviendra à la perfection des Haras, la Taille des Etalons étant presque toujours sortable à celle des plus grandes Jumens.

XXI. L'expérience a fait connoître que les Chevaux des Pays réüssissoient toujours infiniment mieux que tous autres, lorsqu'il s'en trouve d'assez beaux pour servir dans les Haras : ainsi il est bien important que les Commissaires-Inspecteurs cherchent les expédiens les plus propres pour engager les Particuliers à l'éleve de leurs plus beaux Poulains, par l'appas du bénéfice & l'espérance de s'en défaire pour le service des Haras à un prix plus avantageux qu'ils ne seroient achetés dans les Foires. Sa Majesté desire même que les Particuliers qui s'adonneront de bonne volonté à ce Commerce, reçoivent dans leurs affaires une protection toute singuliere de la part de Messieurs les Intendans, & que les plus beaux Etalons qu'il y aura à distribuer leur soient confiés préférablement à tous autres, & à des conditions capables de leur faire connoître les dispositions favorables de Sa Majesté pour tous ceux qui contribuëront à la perfection de cet établissement.

XXII. Ils s'appliqueront pareillement à connoître les mesures qu'on peut prendre pour fournir des Jumens, les Pays où elles manquent, sans que cela engage le Roi en aucune dépense, si ce n'est pour l'avance des fonds & le crédit qu'on pourra faire aux Particuliers ; qu'elle sorte de Jumens y conviendroit le mieux ; si les Peuples seroient en intention de les payer ce qu'elles auront coûté ; le nombre à peu près que l'on en pourroit distribuer, & le prix qu'ils y pourroient mettre.

XXIII. Le Roi s'étant remis à eux du choix des Gardes-Haras, ils auront grande attention à ne présenter à Messieurs les Intendans que des sujets connus & incapables d'abuser de leurs emplois par des vexations punissables ; ils n'en pourront établir que deux dans chaque Département ; & ils feront même en sorte de n'en avoir qu'un, si le service auquel ils sont destinés n'en demande pas davantage.

XXIV. Ils trouveront toutes les autres observations nécessaires sur le surplus des choses commises à leurs soins, dans le Mémoire imprimé & dressé par ordre du Roi, pour servir d'instruction à

Messieurs les Intendans, auquel ils se conformeront en toutes occasions. Sa Majesté attend de leur zéle & de leur application au bien de son service, qu'ils se feront une étude particuliere de bien remplir leur devoir, & qu'ils chercheront même à faire au-delà de tout ce qui leur est prescrit, pour procurer aux Peuples & à l'État en général le bien infini de l'augmentation & de la perfection de Chevaux de toutes especes & de tous services. Le Conseil leur recommande d'apporter une attention toute particuliere à l'exécution du nouveau Reglement des Haras, & de rendre un compte exact audit Conseil de toutes leurs observations. FAIT au Conseil le ving-huit Février mil sept cens dix-sept. *Signé*, LE DUC D'ANTIN. *Signé*, BRANCAS. *Et plus bas*, MORET.

INSTRUCTION

AUX GARDES ÉTALONS.

PREMIEREMENT.

SA Majesté desire que celui qui se chargera de l'Etalon qu'elle fera délivrer gratuitement ou à moitié prix, ou qui sera approuvé par Messieurs les Intendans ou par les sieurs Commissaires-Inspecteurs, en prenne un soin très-particulier, comme de le bien faire établer, panser & nourrir; de maniere qu'il se maintienne toujours en bon état, & pour y parvenir.

II. Ledit Etalon sera mis dans une Ecurie la plus seche qu'il se pourra, il sera seul, ou du moins dans une place séparée dans l'Ecurie commune où il soit à son aise. L'Ecurie ne doit point être exposée à un trop grand jour, & plûtôt un peu obscure que trop éclairée, parce que la saillie de l'Etalon en est plus vigoureuse & plus gaillarde. Il doit être bien pensé & nettoyé de la main, couvert d'une bonne couverture en Hyver, & legere en Été, ferré bien à son aise dans les lieux où on le tient ferré, & les pieds de devant remplis par dedans de fiante de Vache, deux fois la semaine, pour éviter les accidens auxquels les Chevaux sont sujets, comme Seimes, Blaines & Encasteleures que la chaleur de l'Ecurie engendre; & plus les

Chevaux ſont de legere Taille, comme Chevaux Turcs, Barbes & Eſpagnols, plus ils ſont ſujets à ces accidens, pour leſquels il faut obſerver de leur parer le pied lorſque l'on connoît qu'ils en ont beſoin, & que ce ſoit toujours le troiſiéme ou le quatriéme jour de la Lune; étant très-important que le Cheval deſtiné pour Etalon ne reſſente aucune incommodité.

III. Pour bien nourrir & entretenir l'Etalon, il faut lui donner à manger peu de Foin & beaucoup de bonne Paille de Froment ou de Meteil, la plus nouvelle battuë qu'il ſe pourra. On lui donnera trois bons picotins d'Avoine par jour; Sçavoir, le premier auſſi-tôt que le Palfrenier qui le penſe eſt debout, & qu'il mange pendant qu'on leve ſa litiere & que l'on nettoye ſous lui. Puis on le met au Maſtigadour pendant deux bonnes heures le matin, & autant l'après dînée. Il doit boire à huit ou neuf heures du matin de bonne eau nette, l'eau de Riviere bien courante eſt la meilleure. Mais quand il n'y en a pas, il faut ſe ſervir de celle de Fontaine ou de Puys; & ſi l'on reconnoît qu'elle ſoit trop froide ou trop vive, il faut la tirer, & la laiſſer repoſer quelque tems, de crainte que par ſa trop grande vivacité elle ne cauſe des accidens fâcheux qui arrivent aux Chevaux quand on les abreuve d'eau trop froide. A midi on lui donnera le ſecond picotin d'Avoine, & le ſoir, après avoir bû comme le matin, on lui donnera le troiſiéme. L'Avoine qu'il doit manger ſera ſeche, nette & peſante, n'ayant aucun mauvais goût, parce que cela le pourroit dégoûter, & c'eſt ce qu'il faut ſoigneuſement éviter.

IV. Il faut que l'Etalon commence à couvrir depuis le premier Avril juſqu'à la fin de Juin, & pendant ce tems ne lui épargner aucune nourriture, ſoit Foin, Paille ou Avoine, ne pouvant être en trop bon état & trop bien conſervé pendant ledit tems.

V. Quand le Cheval commence à couvrir, il faut obſerver qu'il ne couvre qu'une fois le matin à la fraîcheur, & le ſoir de même, ſi la vigueur le lui permet, & ſi la trop grande jeuneſſe ne l'en empêche, parce qu'un jeune Cheval doit être plus ménagé qu'un de ſix & de ſept ans, ce qui dépend de la diſcretion de celui qui eſt chargé de l'Etalon. Il faut auſſi obſerver de ne faire jamais boire le Cheval avant de couvrir, ſoit le matin ou le ſoir, & la même regle ſe doit garder

auſſi

auſſi bien pour la Cavale qui doit être couverte, que pour l'Etalon qui la doit ſervir.

VI. Il faut donner à l'Etalon, immédiatement avant de couvrir, une jointée d'Orge bien nette & bonne, & autant après qu'il aura couvert ; & s'il ne la veut pas manger toute pure, il faut la mêler avec ſon ordinaire d'Avoine, pour la lui faire plûtôt manger, cela lui étant ſouverain & néceſſaire ; & l'on doit ainſi continuer juſqu'à la fin de la Monte qui finit au dernier jour de Juin, parce que les Poulains qui viendroient dans une ſaiſon plus avancée ne pourroient pas être ſi bien élevés : on laiſſe néanmoins la liberté de continuer la Monte juſques dans le mois d'Août, dans les Pays & lieux où l'on a éprouvé que les Poulains du mois d'Août peuvent bien réüſſir.

VII. Pour faire couvrir la Cavale, il faut faire planter dans un lieu bien gai & verd, autant qu'il ſe pourra, éloigné de cent pas de l'Ecurie, un ou deux pilliers ſur un terrain uni, ſec & ſolide, afin que le Cheval & la Cavale ſoient commodément & fermes en leur action, qui eſt une choſe à obſerver, pour ne pas rendre la Monte inutile. Et à l'égard des Etalons qui ſont libres dans les Marais, le terrain qui eſt gai & bon de lui-même, n'exige aucune precaution que la liberté de l'action, mais il faut que le Pâturage ſoit gras & capable de les bien nourrir, autrement leurs tranſports ſe ralentiſſent. Il eſt encore néceſſaire d'obſerver, que quand on met un Etalon dans un Marais parmi les Cavales, il le faut déferrer des deux pieds de derriere, de crainte qu'il ne bleſſe la Jument par des ruades qui leur ſont aſſez ordinaires pour marquer leur amour.

VIII. Quand on mene la Cavale à l'Etalon, ce doit être de bon matin, comme il a été dit, il faut l'attacher aux pilliers avec un licol de corde le plus ſûrement qu'il ſe pourra ; ſi elle eſt ferrée des pieds de derriere, il eſt à propos de l'entraver avec une entrave de tiſſu, qui s'attache des pieds de derriere au col de la Cavale, de crainte qu'elle ne bleſſe le Cheval, ce qui ſe doit éviter avec ſoin.

IX. Il faut avoir attention de ne pas preſenter de Cavales à l'Etalon que l'on ne ſoit aſſûré qu'elle ſoit en chaleur, & lorſque tout cela eſt bien reconnu, & que la Cavale eſt en état, on peut ſortir l'Etalon de ſon Ecurie, qui n'aura qu'un Caveçon à la tête, dont la Têtiere fera faite comme celle d'une Bride, avec une Sous-gorge, de crainte qu'il n'échappe, & fera tenu avec deux grandes longes de corde attachée au Caveçon, par deux hommes qui le conduiront, en tournant au tour du pillier où fera attachée ladite Cavale, afin qu'elle puiffe confidérer l'Etalon qui la doit couvrir, ce qui contribuë beaucoup à lui faire concevoir un Poulain femblable audit Etalon, ce qui eft le plus à confidérer en matiere de Haras.

X. Il eft néceffaire de bien laiffer mettre l'Etalon en état avant que de l'admettre à fon action avec la Cavale, la faillie en étant plus fûre ; & même pour l'y aider, il faut que l'un de ceux qui tiennent les longes, lorfque le Cheval eft monté, leve la queuë de la Cavale, & que l'autre prenne le membre du Cheval & le conduife adroitement, crainte de le bleffer & d'empêcher l'action.

XI. Auffi-tôt que le Cheval a couvert & demonté la Cavale, il faut qu'un des hommes le remette à fon Ecurie, en lui faifant faire encore un tour devant la Cavale, ainfi que devant la faillie, & que l'autre jette un fceau d'eau fort fraîche au derriere & fur les reins de la Cavale, le plus fort qu'il pourra. On obfervera dans ce moment que le Cheval foit éloigné de la Cavale, parce qu'il n'y a rien de fi dangereux que de moüiller avec de l'au froide le membre d'un Cheval qui vient de couvrir. Il eft bon de promener en trotant en main la Cavale fi-tôt qu'elle a été faillie, & fi l'on eft proche de l'eau, il faut l'y faire entrer jufques par-deffus les reins.

XII. Si toutes ces précautions ont été bien obfervées, on peut fe contenter de l'avoir fait couvrir une fois feulement, finon la faire couvrir le foir du même jour, fi la vigueur de l'Etalon le lui permet, & la laiffer douze ou quinze jours fans la mener audit Etalon ; on peut la lui préfenter pour voir fi fa chaleur dure encore ; & fi cela fe rencontre, on la fera couvrir comme auparavant; mais fi elle réfufe l'Etalon, ce qui fe connoît par les fignes ordinaires qui font de ruer contre lui, il ne faut pas la laiffer monter, puifque ce réfus eft la marque la plus affûrée que l'on puiffe avoir que la Cavale a retenu.

XIII. Il eft à remarquer que les Cavales qui mangent le verd dans le tems qu'elles font admifes à l'Etalon, retiennent plus facilement que celles qui font au Foin & à l'Avoine dans une Ecurie, parce qu'elles ont plus d'amour & en donnent davantage au Cheval. Il eſt bon de mener les Cavales à l'Etalon neuf jours après qu'elles ont pouliné, parce qu'elles retiennent mieux, attendu qu'en faiſant leur Poulain, elles vuident toutes les mauvaiſes humeurs qu'elles peuvent avoir dans le corps, & qui pourroient empêcher l'effet de la formation. Les Jumens doivent avoir au moins trois ans avant d'être menées à l'Etalon, autrement on n'en doit attendre que de fort mauvais Poulains ; on a encore remarqué que les Jumens trop graſſes ne retiennent pas auſſi aiſément que les autres.

XIV. Rien ne gâte tant un Etalon que de lui préſenter des Jumens qui ne ſont point en chaleur ; & l'on remarque que les Cavales que l'on fait couvrir par force & qui ne ſont point en chaleur, retiennent fort rarement. C'eſt pourquoi, comme il eſt trés-important de conſerver un bon Etalon dont on ne doit employer que très-utilement la vigueur & les forces, il ſeroit bon que celui qui l'a en ſa charge, eût, s'il ſe peut, quelque petit Cheval entier bien amoureux pour préſenter à la Cavale plûtôt que le véritable Etalon ; il reconnoîtra par-là ſi la Cavale eſt en chaleur, & ſi elle n'y eſt pas, elle y viendra à la deuxiéme ou troiſiéme fois qu'on le lui préſentera, après quoi il y aura ſûreté toute entiere de la faire couvrir par le véritable Etalon. La Monte étant finie, il ſera nourri & gouverné comme auparavant la Monte.

XV. L'intention du Roi eſt que leſdits Etalons ne ſervent à d'autres uſage qu'à couvrir les Cavales, qu'on ne leur coupe ni les oreilles ni la queuë ni les crins, & que nulle perſonne, de quelque qualité & condition qu'elle puiſſe être, s'en ſerve de monture, ſous les peines portées par le Réglement des Haras.

XVI. A l'égard des particuliers auſquels il ſera permis de tenir des Bouriquets, ils obſerveront qu'ils ſoient gros, grands, bien éveillés, robuſtes & ſains de corps, les yeux gros non enfoncés, le col large, les nazeaux & les oreilles de même, le poitrail grand & plein de muſcles, le dos uni avec une ligne qui regne tout du long, le poil tirant ſur le noir, les jambes groſſes & nerveuſes, la queuë courte, les talons ni trop haut ni trop bas, & qu'ils ayent au moins trois ans avant de les faire ſaillir.

XVII. Sa Majesté entend que les Gardes Etalons joüissent pleinement & paisiblement des Privileges qui leur sont accordés par ses Déclarations, Arrêts, Ordonnances & Réglemens, pour la récompense de leurs soins & dépenses, & que tous lesdits Privileges & exemptions soient répetés en détail dans leurs Commissions.

XVIII. Mais en même-tems que Sa Majesté veut bien les prendre en sa protection, Elle entend pareillement qu'ils se conformeront en tous points à ce qui leur est enjoint & prescrit par le Réglement des Haras, à l'effet de quoi il leur est enjoint d'en prendre un Exemplaire des mains desdits sieurs Commissaires-Inspecteurs, afin qu'ils n'en prétendent cause d'ignorance. FAIT au Conseil le vingt-huit Février mil sept cent dix-sept. *Signé* LE DUC D'ANTIN, *Signé*, BRANCAS. *Et plus bas*, MORET.

EXTRAIT

DES REGISTRES

DU GREFFE DES ÉTATS DE BRETAGNE
TENUS A ST. BRIEUC EN L'ANNÉE 1726.

Du Vendredi 8 Novembre 1726, huit heures & demie du matin.

Monseigneur l'Evêque de Saint Brieuc.
Monseigneur le Duc de Bethune, Baron d'Ancenis
Monsieur le Sénéchal de Rennes.

MONSIEUR l'Evêque de Quimper a pour lui & Messieurs ses Co-députés, représenté un Mémoire que leur Commission avoit dressé par rapport aux mésures qui leur avoient parû les plus convenables pour le rétablissement & entretien des Haras, duquel Mémoire lecture ayant été faite, & après qu'il en a été déliberé aux Chambres.

Les Etats ont approuvé & approuvent ledit Mémoire; Ordonnent en conséquence, qu'il sera mis au net & sur papier timbré, dans la forme qu'il est, pour être signé de Messieurs les Présidens des Ordres & de Messieurs les Députés à ladite Commission, pour être ensuite porté à Messieurs les Commissaires du Roi, afin de l'approuver, pour, après ladite approbation faite, être ledit Mémoire déposé au Greffe, par minute, pour y avoir recours lorsque besoin & requis sera, sauf, au surplus, à être fait, pour l'execution d'icelui, tels fonds que la situation des affaires de la Province pourra permettre, auquel cas lesdits Etats ont nommé pour Commissaires-Inspecteurs desdits Haras, jusqu'à la prochaine Tenuë; sçavoir, pour l'Evêché de Rennes, Monsieur de Jacquelot; pour celui de Vannes, Monsieur de Talhoüet de la Grignonnais; pour celui de Nantes, Monsieur du Boüexic Becdelievre; pour celui de Quimper, Monsieur du Boisberthelot, pere; pour celui de St. Brieuc, Monsieur du Boisgeslin; pour celui de Tréguier, Monsieur de Coëttivy; pour celui de Leon, Monsieur de Penmarch; & pour les Evêchés de St. Malo & Dol, Monsieur de la Châsse-Dandigné; & ont prié Monsieur le Duc de Bethune d'écrire à Messieurs Goüyon & de la Marche de vouloir bien choisir les Etalons qui doivent passer à l'Inspection de Monsieur le Marquis de Brancas, à Paris. Signé de Messieurs les Présidens des Ordres.

Du 15. Novembre 1726, huit heures & demie du matin.

Monseigneur l'Evêque de Saint Brieuc.
Monseigneur le Duc de Bethune, Baron d'Ancenis.
Monsieur le Sénéchal de Rennes.

MONSEIGNEUR l'Evêque de St. Brieuc a pour lui & Messieurs les Présidens des autres Ordres, rendu compte à l'Assemblée de la conférence qu'ils eurent le jour d'hier, avec Messieurs les Commissaires du Roi, au sujet des arrangemens convenables par rapport aux fonds qui auroient été destinés pour la somme que les Etats avoient ordonnée pour l'entretien des Haras, & a dit que Messieurs les Commissaires leur avoient marqué qu'ils ne pouvoient consentir & donner les mains qu'à la somme de vingt-quatre mille livres seulement pour lesdits Haras, pendant les années 1727 &

1728, laquelle avoit été priſe ſur les fonds des Etapes, ordonnés dans la préſente Aſſemblée : ſur quoi ayant été déliberé.

Les Etats ont ordonné & ordonnent, qu'au lieu de la ſomme de trente-ſix mille livres qu'ils avoient arrêtée & deſtinée, par leur Délibération du jour d'hier, pour l'entretien des Haras pendant le cours deſdites années 1727 & 1728, il ſera ſeulement employé celle de vingt-quatre mille livres, conformément au Mémoire arrêté à cet effet par leſdits Etats, & dont la minute, ſignée de Meſſieurs les Préſidens des Ordres, a été préſentement dépoſée au Greffe, pour y avoir recours lorſque beſoin & requis ſera ; laquelle dite ſomme de vingt-quatre mille livres ſera priſe & levée ſeulement ſur celle de deux cens mille livres, dont les Etats ont ordonné le fonds pour la fourniture deſdites Etapes, pendant leſdites années 1727 & 1728, par leur Délibération du 19 Octobre dernier, ſans qu'elle puiſſe ſe prendre ſur aucuns autres fonds, ni qu'il en ſoit fait aucuns particuliers pour l'entretien deſdits Haras. Signé ſur la minute de Meſſieurs les Préſidens des Ordres.

ARREST
DU CONSEIL D'ESTAT DU ROY,

Concernant le rétabliſſement & l'entretien des Haras de la Province de Bretagne.

Du 14 Octobre 1727.

EXTRAIT DES REGISTRES DU CONSEIL D'ESTAT.

SUR la Requête préſentée au Roi, étant en ſon Conſeil, par les Députés & Procureur-Général-Syndic des Etats de Bretagne, contenant, que cette Province eſt une de celles du Royaume la plus propre à nourrir & élever des Chevaux : Qu'étant certain que la beauté des Etalons contribuë à la beauté des races, les Etats se sont portés, il y a plus de quarante ans, à faire, avec l'agrément du feu Roi, un fonds de trente mille liv. en chaque Assemblée, pour être employées en achats d'Etalons étrangers, lesquels fonds étoient remis à la Caisse générale des Haras du Royaume : que l'emploi de ces fonds n'ayant pas été fait heureusement pendant plusieurs années antérieures à la mort du feu Roi, cette considération porta les Etats, assemblés à St. Brieuc en l'année 1715, à regler que les Etalons seroient choisis par les Inspecteurs qu'ils nommerent, & payés directement par le Trésorier desdits Etats, dans la Caisse duquel les fonds faits pour l'achat desdits Etalons resteroient : Que les Etats s'étant dispensés de faire les mêmes fonds dans leurs Assemblées de 1722 & 1724, & n'ayant par cette raison point été fourni d'Etalons, ils ont remarque que ce défaut étoit préjudiciable aux Haras de la Province, interessoit par conséquent le commerce des Chevaux qui se fait avec les Provinces, voisines, & influoit sur tout le Royaume en général ; ce qui les a porté, en leur derniere Assemblée, à faire, sous le bon plaisir du Roi, un fonds de vingt-quatre mille liv. & à nommer huit Commissaires-Inspecteurs ; ils ont arrêté en même tems, de la participation des sieurs Commissaires de Sa Majesté, plusieurs Articles contenant ce qui leur a parû le plus utile au rétablissement & entretien des Haras ; lesquels articles ayant été communiqués au sieur Marquis de Brancas, Directeur Général des Haras du Royaume, il les a trouvé convenables au bien du service. A CES CAUSES, requeroient les Supplians, qu'il plût à Sa Majesté approuver & ratifier les Déliberations que les Etats ont prises en leur derniere Assemblée les 8 & 15 Novembre 1726 & les Articles qui ont été rédigés sous son bon plaisir. A quoi le Roi voulant pourvoir : Vû ladite Requête, lesdites Délibérations desdits jours 8 & 15 Novembre 1726, le Mémoire dressé par lesdits Etats, & par eux approuvé le 8 dudit mois de Novembre : Oüy le rapport du sieur le Pelletier, Conseiller d'Etat ordinaire, & au Conseil Royal, Controlleur Général des Finances. SA MAJESTÉ ÉTANT EN SON CONSEIL, a ordonné & ordonne ce qui suit.

ARTICLE PREMIER.

Que les Déliberations des 8 & 15 Novembre 1726 seront executées selon leur forme & teneur.

II. Que les vingt-quatre mille liv. dont il a été fait fonds, pour être employées aux achats des Etalons étrangers, demeureront dans la Caiſſe du Tréſorier desdits Etats, pour être par lui payées, ainſi qu'il ſera dit ci-après ; leſquels fonds leſdits Etats pourront augmenter à l'avenir, s'ils le jugent convenable pour le bien du ſervice.

III. Que les huit Commiſſaires-Inſpecteurs nommés par les Etats, prendront des Commiſſions particulieres de Sa Majeſté, & auront l'inſpection & la direction deſdits Haras dans l'intérieur de ladite Province.

IV. Que leſdits Commiſſaires feront leurs viſites deux fois l'année, chacun dans ſon Département, des Etalons qui y ſeront placés, conformément au Réglement des Haras du 22 Février 1717, dont ils dreſſeront leurs Procès-verbaux, & en envoyeront une expedition audit ſieur Marquis de Brancas, viſée du ſieur Intendant de ladite Province, & en remettront une ſeconde au Greffe des Etats, pour y avoir recours à chaque Aſſemblée.

V. Que leſdits Commiſſaires-Inſpecteurs choiſiront les Gardes Etalons auxquels ils donneront leurs Certificats, ſur leſquels ledit ſieur Intendant leur délivrera leur Commiſſion, conformément à l'Article VI. du titre premier du Reglement des Haras de 1717.

VI. Que leſdits Gardes Etalons ſeront exempts de Tutelle, Curatelle & nomination à icelles, logement des Gens de Guerre, Uſtenſiles & Caſernement, ſans qu'ils puiſſent néanmoins prétendre aucune exemption de Foüages, ni d'être taxés d'Office pour ladite impoſition, ni autres, ainſi qu'il eſt ordonné par la Déclaration du 22 Septembre 1709, & par le Réglement de 1717, à quoi Sa Majeſté a dérogé à cet égard ſeulement.

VII. Que l'enfant ou le domeſtique que leſdits Gardes nommeront pour avoir ſoin de leur Etalon, ſera exempt de tirer au ſort pour la Milice, conformément à l'Article V. du titre IV. dudit Réglement des Haras de 1717.

VIII. Que ladite exemption de Tutelle, Curatelle & nomination à icelles, n'aura lieu qu'à l'égard des Gardes Etalons qui ſeront Laboureurs, Fermiers & autres ſimples Habitans des Campagnes, ſans que les Gentilshommes & Bourgeois qui pourront prendre des Com-

miſſions

missions de Gardes Etalons, puissent prétendre ladite exemption.

IX. Que les personnes que lesdits Etats préposeront pour l'achat des Etalons nécessaires à ladite Province, en feront le choix dans les Ecuries du dépôt des Haras du Royaume, ou chez les Marchands, & en regleront le prix, de concert avec les Députés desdits Etats & le Procureur-Général-Syndic, qui se trouveront à Paris.

X. Que les Etalons ainsi choisis seront présentés au sieur Marquis de Brancas, pour être par lui approuvés, avant que de pouvoir être envoyés dans la Province.

XI. Que le prix desdits Etalons ainsi choisis, achetés & approuvés, sera payé par le Trésorier desdits Etats, en exécution des Ordonnances dudit sieur Marquis de Brancas, qui seront expediées sur les Certificats que lesdits sieurs Députés des Etats & lesdits sieurs Préposés à l'achat délivreront, conjointement ou séparément, contenant le signalement, le prix & la livraison desdits Etalons, sans lesquelles Ordonnances & Certificats ledit Trésorier ne pourra payer aucun Etalon, à peine de radiation.

XII. Pourront néanmoins lesdits Commissaires-Inspecteurs acheter en Bretagne ou autres Provinces éloignées de Paris, les Etalons convenables qu'ils pourront y trouver, après qu'ils auront été approuvés par les sieurs Gouverneurs, Commandant & Intendant, ou par ledit sieur Intendant seul, en cas d'absence desdits sieurs Gouverneur & Commandant, & sera le prix desdits Etalons payé par ledit Trésorier, sur les Ordonnances desdits sieurs Gouverneur, Commandant & Intendant, & sur les Certificats des Commissaires-Inspecteurs qui auront acheté lesdits Etalons; lesquels Etalons, aussi-bien que ceux qui ne pourront pas être vûs par le sieur Marquis de Brancas, par la distance des lieux où ils seront achetés, seront marqués d'une Hermine à la fesse, avant d'être remis au Garde Etalon.

XIII. Que lesdits Commissaires-Inspecteurs envoyeront, chacun à leur égard, audit Sieur Marquis de Brancas & au Procureur-Syndic de ladite Province de Bretagne, à la suite de la Cour, dans le mois de Juin & Juillet de chaque année, un état de la quantité, qualité & espece des Etalons qui seront nécessaires dans leurs Départemens.

XIV. Que sur les mêmes fonds faits & à faire par lesdits Etats à chaque Aſſemblée, il ſera payé par ledit Tréſorier à chacun des Clercs ou Secretaires deſdits huit Commiſſaires-Inſpecteurs, la ſomme de cinquante liv. par an pour les expéditions de leurs Procès-verbaux & autres écritures, à l'effet de quoi ils délivreront audit Tréſorier, pour ſa décharge, le Certificat de Service que leſdits Commiſſaires-Inſpecteurs leur donneront, avec leur quittance pure & ſimple.

XV. Que ſur les mêmes fonds faits & à faire à l'avenir par leſdits Etats à chaque Aſſemblée, ſeront priſes les ſommes néceſſaires pour les frais de conduite & nourriture deſdits Etalons, juſqu'au jour qu'ils ſeront remis aux Gardes, leſquelles ſeront pareillement payées par ledit Tréſorier aux Conducteurs deſdits Chevaux, en conſéquence des Ordonnances dudit Sieur Marquis de Brancas, qui ſeront expediées ſur les Etats certifiés par leſdits Conducteurs, & arrêtés par leſdits Sieurs Commiſſaires Députés & Procureur-Syndic.

XVI. Que les Etalons reçûs & agréés par ledit Sieur Marquis de Brancas & par leſdits Sieurs Gouverneur, Commandant & Intendant, ſeront par eux deſtinés pour chaque Département, ſuivant ſes beſoins & les Etats que leſdits Commiſſaires-Inſpecteurs en auront fourni en exécution de l'Article XIII. du preſent Arrêt.

XVII. Que l'Arrêt du Conſeil du 24 Octobre 1716, ſera exécuté ſelon ſa forme & teneur ; ce faiſant, que le Tréſorier des Etats donnera pour comptant à celui des Haras, les quittances & pieces juſtificatives des payemens qu'il aura faits des fonds qui auront été deſtinés par les Etats pour l'entretien des Haras de ladite Province, & que dans la quittance que lui donnera le Tréſorier des Haras, leſdites Ordonnances, quittances & pieces juſtificatives des payemens ſeront libellées.

XVIII. Qu'au ſurplus la Déclaration du 22 Septembre 1709, & le Réglement du 22 Février 1717, concernant les Haras, ſeront exécutés ſelon leur forme & teneur, en ce qui n'y eſt pas dérogé par le préſent Arrêt. Fait au Conſeil d'Etat du Roi, Sa Majeſté y étant, tenu à Fontainebleau le quatorziéme jour d'Octobre mil ſept cent vingt-ſept.

Signé PHELIPEAUX.

EXTRAIT DES REGISTRES

DU GREFFE DES ÉTATS DE BRETAGNE TENUS A RENNES.

Du 25 Octobre 1728.

Monseigneur l'Évêque de Rennes.
Monseigneur le Prince, Comte & Baron de Leon.
Monsieur le Sénéchal de Rennes.

MONSIEUR l'Evêque de Vannes a rendu compte pour lui & Messieurs ses Députés, de la Commission dont ils avoient été chargés par Délibération du 29 Septembre dernier, pour prendre les arrangemens convenables avec Messieurs les Commissaires du Roi pour les Haras, & a représenté en conséquence, un projet de Mémoire que leur Commission avoit dressé pour les nouvelles mésures & précautions qu'elle avoit estimé convenables pour pousser l'établissement desdits Haras à sa derniere perfection, & dont lecture a été faite à l'Assemblée.

Les États ont approuvé & approuvent le Mémoire qui a été représenté par Monsieur l'Evêque de Vannes, pour les Haras, & dans lequel il sera ajoûté, que les cinquante livres y portées, pour gages de Gardes Etalons, seront accordées également dans tous les Evêchés aux Gardes des Etalons achetés par la Province depuis la derniere Tenuë, & dont le choix & l'achat seront faits par Monsieur le Comte du Boüexic Becdeliévre, & Monsieur le Comte de Guebriand, que les Etats ont commis à cet effet, & qui rendront compte aux États prochains de cette Commission. Ordonne en conséquence, que ledit Mémoire sera mis au net, & sur papier timbré, dans la forme qu'il est, & conformément au surplus, à la présente Délibération, pour être signé de Messieurs les Présidens des Ordres, & de Meſſieurs les Députés à ladite Commiſſion, pour être enſuite porté à Meſſieurs les Commiſſaires du Roi, afin de l'approuver, pour, paſſé de ladite approbation, être ledit Mémoire dépoſé par minute, pour y avoir recours lorſque beſoin & requis ſera.

Et pour l'exécution duquel, ordonnent, en conſéquence, qu'il ſera fait fonds dans la préſente Tenuë de la ſomme de quarante-cinq mille livres pour l'entretien des Haras pendant les années 1729 & 1730; ce faiſant, ont nommé & continué pour Commiſſaires-Inſpecteurs deſdits Haras, Meſſieurs les mêmes Députés qui furent nommés à cet effet par Délibération des Etats derniers de Saint Brieuc, du 8 Novembre 1726, à l'exception ſeulement de Monſieur de Jacquelot, au lieu & place duquel les Etats ont nommé Monſieur le Vicomte de la Bedoyere, pour l'Evêché de Rennes; & Monſieur le Marquis du Gage, fils, au lieu & place de Monſieur du Boisberthelot, pour l'Evêché de Quimper, leſquels dits Commiſſaires ſe feront rendre compte, chacun dans leur Evêché, des anciens Etalons donnés par la Province, & feront vendre au profit de ladite Province, ceux qui ne ſeront plus en état de ſervir, pour en rendre compte aux prochains Etats.

Leſdits Etats ont, au ſurplus, chargé Meſſieurs les Députés à la Cour, d'obtenir un Arrêt du Conſeil, portant l'autoriſation & approbation tant des Conditions du Mémoire ci-devant, que de tout ce qui a été ordonné, & ſera fait en conſéquence pour l'entiére perfection des Haras.

EXTRAIT
DU REGLEMENT

ARRESTÉ AU CONSEIL D'ÉTAT DU ROY, pour le service des Haras du Royaume, le 22 Février 1717, des Mémoires du Conseil du dedans du Royaume, du 28 Février 1717, & de l'Arrêt du Conseil du 14 Octobre 1727, ledit extrait dressé à Rennes par Messieurs les Députés des États, au mois d'Octobre 1728.

GARDES-ÉTALONS.

ARTICLE PREMIER.

LES Gardes Étalons seront exempts de tutelle, curatelle & nomination à icelles, guet & garde, collecte, logement de Gens de Guerre, Utensiles & Casernement; & l'enfant ou domestique qu'ils nommeront pour avoir soin de leur Étalon, sera exempt de tirer au sort pour la Milice; lesquels Priviléges lesdits Gardes Etalons ne seront tenus de faire enregistrer pour en joüir. Réglement de 1717 tit. 4. art. 4. 5. 6. Arrest du Conseil du 14. Octobre 1727 art. 6.

II. Ils joüiront de la retribution de trois livres & un boisseau d'Avoine, mesure de Paris, pour le saut de chaque Jugement, qui ne sera réiteré que trois fois, *& de cinquante livres par an, qui leur seront payées par le Trésorier des États, sur les Certificats des Commissaires-Inspecteurs & les Ordonnances de Messieurs les Gouverneur, Commandant & Intendant de la Province, ou de Monsieur l'Intendant seul.* Réglement, art. 7. Déliberations des Estats des 8. & 15 Novembre 1726. approuvées au Conseil.

III. Les Particuliers qui se présenteront pour Gardes-Etalons, & auront donné leurs soumissions aux Commissaires des Haras de se fournir d'un Cheval de la beauté & de l'espece convenable, joüiront des mêmes exemptions & priviléges, à commencer du jour & date des Commissions qu'ils auront obtenuës de Monsieur l'Intendant, à la charge toutefois qu'ils s'obligeront, au cas qu'ils contrevinssent à Article 9.

leur engagement, de payer une ſomme de cent livres au profit de la Caiſſe des Haras.

Cette derniere clauſe eſt inutile à notre égard, car nous ne donnnerons aucuns Certificats à ceux qui nous demanderont des Commiſſions, que les Chevaux ne ſoient achetés, & que nous ne les ayons vû & approuvé.

Article 13. IV. Défenſes aux Gardes Etalons de faire ſervir pour la monte des Cavales, d'autres Chevaux que ceux du Roi ou ceux qu'ils auront fait approuver, à peine de confiſcation des Chevaux non approuvés & de trois cens livres d'amende, applicables, moitié au profit du Garde-Etalon le plus prochain du lieu où la contravention aura été commiſe, & moitié au profit du Dénonciateur.

Article 17 V. Défenſes auſdits Gardes de faire ſervir les Etalons dont ils ſont chargés, au Caroſſe, à la Chaiſe, à la Charruë ou aux Charois, ni à d'autres uſages penibles, à peine de trois cens livres d'amende, applicables, moitié au profit du Dénonciateur, & l'autre moitié au profit de la Caiſſe des Haras. Et dans le cas où il conviendroit pour le bien & la conſervation deſdits Etalons, de les tenir en haleine par des promenades *d'une lieuë ou deux au plus*, les Gardes Etalons en pourront demander la permiſſion *par écrit* aux Commiſſaires-Inſpecteurs, qui ne la leur accorderont qu'en connoiſſance de cauſe, & à condition qu'elle ne pourra avoir lieu ſix ſemaines devant le temps de la monte, & ſix ſemaines après, & que leſdits Chevaux reviendront le même jour à leur gîte, à peine de cinquante livres d'amende au profit du Dénonciateur.

Article 18. VI. Défenſes auſdits Gardes de conduire leurs Etalons hors des lieux de leur établiſſement, ſoit dans les Foires, Châteaux ou tels autres endroits que ce puiſſe être, *pour les faire voir*, pour ſervir les Jumens, ni pour quelqu'autre cauſe que ce ſoit, à peine de cinquante livres d'amende au profit du Dénonciateur.

Article 20. VII. Défenſes à tous Seigneurs de Paroiſſes, Gentilshommes & autres, de quelque qualité & condition qu'ils puiſſent être, de ſe ſervir par force des Etalons, Cavales & Poulains appartenans au Roi & aux particuliers, à peine de déſobéiſſance.

Article 26. VIII. Défenſes aux Gardes Etalons de faire ſervir par un Etalon plus de deux Jumens par jour, une le matin & une le ſoir, à peine de vingt livres d'amende au profit du Dénonciateur.

NOTA. *Monſieur le Marquis de Brancas, Chevalier des Ordres du Roi & de la Toiſon d'Or, Conſeiller d'État d'Épée, Lieutenant Général des Armées de S. M. & au Gouvernement de Provence, Directeur Général des Haras du Royaume, a rendu une nouvelle Ordonnance, par laquelle il eſt défendu de faire ſauter à chaque Etalon plus d'une Jument dans 24 heures, & cela pour la conſervation des Etalons, & afin qu'il n'en provienne que de beaux Poulains, ce qui ne ſçauroit arriver quand les Chevaux ſont excédés de travail & épuiſés.*

Cette Ordonnance a la même autorité que ſi elle étoit émanée du Conſeil, & il nous eſt enjoint de la notifier aux Gardes Etalons, pour qu'ils ayent à s'y conformer.

IX. Défenſes expreſſes à toutes Communautés, Abbés, Curés, Prieurs, Prêtres, Gentilshommes & tous autres, de quelque qualité & condition qu'ils ſoient, qui auront ou tiendront chez eux ou chez leurs Fermiers, Métayers, Bourdiers, Cabaniers ou Receveurs des Chevaux entiers, de faire ſervir leſdits Chevaux pour la monte des Cavales, *ſi ce n'eſt pour celles à eux appartenantes*, qu'ils n'ayent été vûs & approuvés par l'Intendant ou par les Commiſſaires-Inſpecteurs des Haras, a peine de *confiſcation deſdits Chevaux entiers, & de trois cent livres d'amende*, à payer par le Propriétaire deſdits Chevaux, applicables, moitié au profit du Dénonciateur & moitié au profit du Garde Etalon le plus prochain du lieu où la contravention aura été commiſe, ſoit que leſdits Chevaux ſe trouvent appartenir à des Particuliers ou à des Communautés. Tit. 5. Art. 1.

Les mêmes confiſcations de Chevaux & amende de trois cent livres, auront lieu contre les coureurs, gens ſans aveu, courant les campagnes, les foires & les marchés, dans le tems de la monte, avec des Chevaux entiers qu'ils font ſervir comme Etalons. Article 2.

X. Défenſes à toutes ſortes de perſonnes, de quelque qualité & condition qu'elles puiſſent être, ayant des Jumens propres à porter des Poulains, de les mener, pour être faillies, à d'autres Chevaux que ceux qui ſeront approuvés, *& qui leur ſeront déſignés par les Rolles des Commiſſaires-Inſpecteurs*, ni de faire uſage des Chevaux non approuvés qui leur pourront être amenés pour Article 7 ſervir leſdites Jumens, dans les Paroiſſes où il y en a déja d'établis, à peine de confiſcation des Cavales qui ſe trouveront avoir été ainſi couvertes, & des Poulains qui en ſeront provenus, *& de 50 livres d'amende contre les contrevenans*, applicables, moitié au profit du Garde Etalon le plus prochain, outre le droit de monte qui lui ſera payé par leſdits Propriétaires, pour chaque Cavale faillie en contravention, & l'autre moitié au profit du Dénonciateur.

Article 10. XI. Défenſes aux Propriétaires des Jumens, qui en auront de galleuſes de les laiſſer aller au pâturages avec les Jumens ſaines, à peine de confiſcation deſdites Jumens galleuſes, & de 20 livres d'amende contre chacun deſdits Propriétaires, au profit du Dénonciateur, & la même choſe contre les Propriétaires des Chevaux morveux qui les envoyeront dans des pâtures publiques.

Article 11. XII. Défenſes aux Propriétaires des Pouliches de les faire couper, à quel âge que ce ſoit, & à tous Maréchaux & autres particuliers de faire de pareilles opérations, ſans une permiſſion par écrit du Commiſſaire, à peine de 50 livres d'amende contre les contrevenans, applicables, moitié au Dénonciateur, & moitié au profit de l'Hôpital le plus prochain.

Article 14. XIII. Défenſes aux Propriétaires des Poulains de les aller prendre dans les pacages pendant la nuit, pour faire faillir les Jumens & autres, à peine de confiſcation deſdits Poulains, & de 300 liv. d'amende, applicables, moitié au Dénonciateur, & moitié au profit du Garde Etalon le plus prochain.

Articles 12 & 13. XIV. Ordonne Sa Majeſté, que les Poulains entiers d'un an & au-deſſus, qui ſeront ſurpris dans les pâturages, mêlés parmi les Cavales, *ſans être entravés du pied de devant à celui de derriere, en croiſant*, ſeront confiſqués & hongrés par le premier Maréchal des lieux aux dépens des Propriétaires, leſquels ſeront en outre condamnés en vingt livres d'amende, *ſans départ*, le tout applicable au profit du Dénonciateur.

Leſdits Poulains entiers ſeront tenus dans des pâtures ſéparées ou fermées, & ſans aucune communication avec les Jumens, dans les communes, uſages & pâturages, pendant le tems de la monte ſeulement, ſous les mêmes peines ci-deſſus.

XV. Sa Majesté, en confirmant pour toutes les Provinces de son Royaume, les Priviléges accordés aux Propriétaires des Jumens & Poulains, ordonne que toutes les Cavales propres à porter de beaux Poulains, qui seront annexées aux Etalons du Roi ou à ceux approuvés, suivant les Rolles des Commissaires des Haras, ensemble les Poulains qui en proviendront, seront exemps de toutes saisies pour le payement de la Taille & autres deniers Royaux, même pour dettes de Communautés, sur les simples certifications des Gardes Etalons, visées des Commissaires des Haras. Défenses à tous Huissiers & Sergens de saisir lesdites Jumens & Poulains, pour quelque dette que ce puisse être, à peine de payer en leurs propres & privés-noms, les Jumens qu'ils auront saisies & déplacées. Tit. 5. Art. 4. & 5. & Tit. 9. Art. 3.

Lesdits Poulains & Jumens ne pourront être condamnés pour aucune sorte de corvées que ce puisse être, ni sous prétexte de service des Officiers dans leurs marches, en rapportant, par les Propriétaires, un certificat du Garde Etalon, portant que leurs Jumens sont comprises dans le Rolle de celles annexées à leurs Etalons, & que les Poulains en état d'être commandés pour le service desdits Officiers & autres corvées, proviennent du fait desdites Jumens.

XVI. Tous Particuliers & Habitans des Paroisses, de quelque qualité & condition qu'ils soient, seront tenus de déclarer au commencement de chaque année, aux Maires, Consuls, Syndics ou Collecteurs, le nombre de leurs Jumens, leur poil, âge & taille, à peine de 20 livres d'amende contre ceux qui n'auront point satisfait à cette Déclaration, au profit du Dénonciateur. Article 6.

XVII. Veut Sa Majesté, qu'au premier Avril de chaque année, à la diligence des Maires, Echevins, Jurats, Consuls, Lieutenans, Députés, Dégants, Procureurs-Syndics, Fabriquans, Trésoriers, Marguilliers & Collecteurs des Villes, Bourgs & Paroisses, il soit fait un Rolle signé & certifié d'eux, contenant le nombre des Jumens qui ce trouveront dans chaque Paroisse, dans lequel ils spécifieront au vrai leur âge, poil, hauteur, épaisseur, le nom & domicile des Particuliers, de quelque qualité & condition qu'ils soient, tant Ecclésiastiques, Nobles, Privilégiés, que Roturiers, à qui Tit. 7. Art. 1.

elles appartiennent, avec la quantité & qualité des Prés, Herbages, Pâturages, Pacages, Usages, Marais, Bruyeres & Landes qu'ils possédent, sur la Déclaration qui leur en sera faite & signée par chacun desdits Habitans, sans y rien omettre, à peine contre lesdits Particuliers qui refuseront de le faire, ou qui auront fait de fausses déclarations, de 20 livres d'amende, applicables, moitié au profit du Dénonciateur, & l'autre moitié à l'Hôpital le plus prochain.

Article 6. Enjoint auxdits Maires, Consuls & Syndics de donner communication de leurs Registres ou Cadastres, aux Commissaires des Haras, toutefois & quantes qu'ils en seront par eux requis, à peine de désobéïssance

Tit. 2. Art. 14. XVIII. Après que les Commissaires-Inspecteurs auront pris toutes les connoissances qui leur sont ordonnées touchant la quantité des Pâturages, Prairies & Pacages, & du nombre des Jumens de chaque Paroisse, ils dresseront un Rolle de celles qui devront être couvertes par chacun Etalon, jusqu'au nombre de trente ou trente-cinq.

Article 15. Et anfin que les Particuliers, Propriétaires desdites Jumens, puissent être informés du lieu où est l'Etalon auquel elles sont annexées, les Commissaires-Inspecteurs seront tenus d'envoyer dans les Paroisses voisines, deux lieuës à la ronde, un extrait dudit Rolle signé d'eux, contenant le nom & la demeure des Gardes-Etalons, & les noms des Proriétaires des Cavales annexées audit Etalon, lequel extrait sera adressé aux Syndics, Marguilliers ou Collecteurs des lieux désignés au Rolle, pour être lû & publié à leur diligence, à peine de cinquante livres d'amende contre ceux desdits Syndics ou Marguilliers qui négligeront de faire les diligences qui leur seront ordonnées.

Article 16. Ils se feront représenter par les Gardes Etalons, lors de la seconde visite de leurs Département, les mêmes Rolles quils leur auront laissés avant le tems de la monte des Jumens, pour connoître sur ledit Rolle si elles ont toutes été servies, & pouvoir former un état général de toutes celles qui l'auront été, & en faire mention dans leurs Procès-verbaux : ils se feront rendre compte en même tems des diligences des Gardes Etalons contre les Particliers qui n'auront point amené leurs Cavales à l'Etalon, & des raisons qu'ils auront eues de s'en dispenser.

XIX. Enjoint Sa Majesté aux Gardes Etalons de fournir au mois de Février de chaque année, un état aux Commissaires-Inspecteurs des Jumens de leurs Paroisses & des environs, âge, taille & poil y spécifiés : ensemble le nom des Propriétaires : ils prendront la hauteur desdites Cavales avec une ficelle, depuis le crampon du pied de devant jusqu'au bas de l'encolure, que l'on appelle le garot, & mesureront cette hauteur avec un pied de Roi ; sçavoir, tant de pieds & tant de pouces, dont ils feront mention sur ledit état, & feront mention sur le Rolle des Jumens servies par l'Etalon, du nombre des Poulains qui seront nés de la monte précédente, à peine de dix livres d'amende. Tit. 4. Art. 27 & 28.

Leur enjoint encore Sa Majesté de faire publier dans leurs Paroisses, à l'issüe de la Grand'Messe, aux Portes des Eglises par les Trésoriers, Marguilliers en charge ou Syndics, *auxquels Sa Majesté ordonne de le faire sans frais*, les Rolles des Jumens désignées aux Etalons, dont lesdits Gardes fourniront copie ausdits Marguilliers ou Syndics, à peine, tant contre les Gardes que contre lesdits Marguilliers ou Syndics, de dix livres d'amende au profit de l'Hôpital le plus prochain. Article 30.

XX. Permet Sa Majesté aux Gardes Etalons de se pourvoir par voie de saisie & arrêt des Chevaux non-approuvés, qui feront le service d'Etalons dans l'étendue de leurs Paroisses, soit dans les écuries, soit dans les Campagnes, Foires & Marchés, dont la confiscation leur sera ajugée par les Intendans & Commissaires départis, avec l'amende encourue par les contrevenans. Titre 5 Article 3.

Leur permet pareillement Sa Majesté, de faire saisir & arrêter les Cavales comprises aux Rolles, pour être saillies par leurs Etalons, & qui n'y seront point venues, lorsqu'elles seront pleines du fait de quelqu'autres Chevaux, *si ce n'est de Chevaux entiers à eux appartenans*, & de faire assigner lesdits Particuliers par-devant les Intendans & Commissaires départis, pour voir ordonner la confiscation desdites Cavales & des Poulains qui en seront provenus, & être en outre condamnés en cinquante livres d'amende au profit du Garde Etalon. Titre 4. Article 34.

NOTA. *La liberté indefinie qui paroît ici & dans le précédent article VIII. au Propriétaire d'un Cheval entier, de faire saillir ses Jumens par son Cheval, a reçu des restrictions & a été expliquée par une Ordonnance du Roi du 26 Juin 1718, dont nous rapporterons les termes, afin d'éviter les surprises & ôter toute équivoque.* Sa Majesté, de l'avis de Monsieur le Duc d'Orleans, Regent, a ordonné & ordonne, que tous Particuliers, Propriétaires de Chevaux entiers, voulant faire saillir leurs propres Jumens pour en avoir des Poulains, seront tenus de prendre une permission par écrit du Commissaire-Inspecteur des Haras, visée de l'Intendant de la Province, de faire usage desdits Chevaux pour la saillie des Jumens à eux appartenantes, qui seront signalées de même que l'Etalon, laquelle sera renouvellée toutes les fois que lesdits Particuliers voudront substituer un Cheval à un autre, ou qu'ils auront fait emplette de nouvelles Cavales, à peine contre les contrevenans de trois cens livres d'amende & de confiscation des Chevaux & Jumens surpris en contravention, le tout aplicable moitié au profit du Dénonciateur, & moitié au Garde Etalon le plus prochain du lieu où la contravention aura été commise. Mande & ordonne Sa Majesté aux Intendans & Commissaires départis dans ses Provinces, & aux Commissaires-Inspecteurs des Haras, de tenir la main, chacun en droit soi, à l'exécution de la présente Ordonnance.

Tit. 4. art. 12 & art. 6 des Réglemens faits pour la Navarre, Roussillon, &c.

XXI. Enjoint Sa Majesté aux Gardes Etalons qui auront été chargés de ceux du Roi gratuitement ou à moitié prix, d'en avoir un soin très-particulier, de les faire bien établer, panser de la main & nourrir, conformément *à leurs instructions*, sans qu'ils puissent, sous quelque prétexte que ce soit, faire servir *un plus grand nombre de Jumens* que celui qui sera porté sur les Rolles dont ils seront saisis, à peine d'en répondre & d'être contraints au remplacement des Etalons qu'ils auront laissé *ou fait* déperir.

Afin que l'on n'ignore point des instructions dont il est parlé dans cet article, nous allons les transcrire ici tout au long.

PREMIEREMENT.

Sa Majesté désire que celui qui se chargera de l'Etalon qu'elle fera délivrer gratuitement ou à moitié prix, ou qui sera approuvé par Meſſieurs les Intendans, ou par les Sieurs Commiſſaires-Inſpecteurs, en prenne un ſoin très-particulier, comme de le bien faire établer, panſer & nourrir, de maniere qu'il ſe maintienne toujours en bon état, & pour y parvenir.

II. Ledit Etalon ſera mis dans une écurie la plus ſéche qu'il ſe pourra, il ſera ſeul, ou du moins, dans une place ſéparée dans l'écurie commune, où il ſoit à ſon aiſe. La maniere de loger l'Etalon.

L'écurie ne doit point être expoſée à un trop grand jour, & plûtôt un peu obſcure que trop éclairée, parce que la faillie de l'Etalon en eſt plus vigoureuſe & plus gaillarde.

Il doit être bien panſé & nettoyé de la main, couvert d'une bonne couverture en Hyver, & legére en Eté, ferré bien à ſon aiſe, dans les lieux où on le tient ferré, & les pieds de devant remplis par dedans de fiante de Vache deux fois la ſemaine, pour éviter les accidens auxquels les Chevaux ſont ſujets, comme ſeimes, bleines & encaſtelures, que la chaleur de l'écurie engendre ; & plus les Chevaux ſont de legere taille, comme Chevaux Turcs, Barbes & Eſpagnols, plus ils ſont ſujets à ces accidens, pour leſquels il faut obſerver de leur parer le pied lorſque l'on connoît qu'ils en ont beſoin, & que ce ſoit toujours le troiſiéme ou le quatriéme jour de la Lune, étant très-important que le Chenal deſtiné pour Etalon ne reſſente aucune incommodité.

III. Pour bien nourrir & entretenir l'Etalon, il faut lui donner à manger peu de foin & beaucoup de bonne paille de froment ou de méteil, la plus nouvelle battuë qu'il ſe pourra. On lui donnera trois bons picotins d'avoine par jour ; Sçavoir, le premier auſſi-tôt que le Palfrenier qui le panſe eſt de bout, & qu'il mange pendant qu'on leve ſa litiere & que l'on nettoye ſous lui ; puis on le met au maſtigadour pendant deux bonnes heures le matin & autant l'après-dinée ; il doit boire à huit ou neuf heures du matin, de bonne eau bien nette, l'eau de riviere courante eſt la meilleure ; mais quand il n'y en a pas, il faut ſe ſervir d'eau de fontaine ou de puys ; & ſi l'on connoît qu'elle ſoit trop froide ou trop vive, il faut la tirer & la laiſſer repoſer quelque tems, de crainte que par ſa trop grande vivacité elle ne cauſe des accidens fâcheux qui arrivent aux Chevaux quand on les abreuve d'eau trop froide. Maniere de le nourrir

A midi on lui donnera le ſecond picotin d'avoine, & le ſoir après avoir bû on lui donnera le troiſiéme ; l'avoine qu'il doit manger ſera ſéche, nette & peſante, n'ayant aucun mauvais goût, parce que cela le pourroit dégoûter, & c'eſt ce qu'il faut ſoigneuſement éviter.

Tems de la monte.

IV. Il faut que l'Etalon commence à couvrir depuis le premier Avril juſqu'à la fin de Juin, & pendant ce tems ne lui épargner aucune nourriture, ſoit foin, paille ou avoine, ne pouvant être en trop bon état & trop bien conſervé pendant ledit tems.

Maniere de gouverner l'Etalon pendant la monte.

V. Quand le Cheval commence à couvrir, il faut obſerver qu'il ne couvre *qu'une fois le matin à la fraîcheur, & le ſoir de même*, ſi la vigueur le lui permet, & ſi la trop grande jeuneſſe ne l'en empêche parce qu'un jeune Cheval doit être plus ménagé qu'un de ſix ou ſept ans, ce qui dépend de la diſcretion de celui qui eſt chargé de l'Etalon.

Il faut auſſi obſerver de ne faire jamais boire le Cheval avant de couvrir, ſoit le matin ou le ſoir ; & la même regle ſe doit garder auſſi-bien pour la Cavale qui doit être couverte, que pour l'Etalon qui la doit ſervir.

VI. Il faut donner à l'Etalon, immédiatement avant de couvrir, une jointée d'Orge bien nette & bonne, & autant après qu'il aura couvert, & s'il ne la veut pas manger toute pure, il faut la mêler avec ſon ordinaire d'Avoine, pour la lui faire manger, cela lui étant ſouverain & néceſſaire ; & l'on doit ainſi continuer juſqu'à la fin de la Monte, *qui finit le dernier jour de Juin*, parce que les Poulains qui viendroient dans une ſaiſon plus avancée, ne pourroient pas être ſi bien élevés.

Fin de la monte.

Lieu de la monte.

VII. Pour faire couvrir la Cavale, il faut faire planter dans un lieu bien gay & verd, autant qu'il ſe pourra, éloigné de cent pas de l'Ecurie, un ou deux pilliers ſur un terrein uni, ſec & ſolide, afin que le Cheval & la Cavale ſoient commodément & fermes en leurs action, qui eſt une choſe à obſerver, pour ne pas rendre la Monte inutile.

VIII. Quand on mene la Cavale à l'Etalon, ce doit être de bon matin, comme il a été dit, il faut l'attacher aux piliers avec un licol de corde, le plus ſûrement qu'il ſe pourra ; ſi elle eſt ferrée des pieds de derriere, il eſt à propos de l'entraver avec un entrave de tiſſu, qui s'attache des pieds de derriere au col de la Cavale, de crainte qu'elle ne bleſſe le Cheval, ce qui ſe doit éviter avec ſoin.

IX. Il faut avoir attention de ne pas préſenter de Cavale à l'Etalon, que l'on ne ſoit aſſuré qu'elle ſoit en chaleur ; & lorſque tout cela eſt bien reconnu & que la Cavale eſt en état, on peut ſortir l'Etalon de ſon Ecurie, qui n'aura qu'un caveçon à la tête, dont la têtiere ſera faite comme celle d'une bride, avec une Sous-gorge, de crainte qu'il n'échappe, & ſera tenu avec deux grandes longes de corde attachées au caveçon, par deux hommes qui le conduiront, en tournant autour du pilier où ſera attachée ladite Cavale, afin qu'elle puiſſe conſidérer l'Etalon qui la doit couvrir, ce qui contribuë beaucoup à lui faire concevoir un Poulain ſemblable audit Etalon ; ce qui eſt le plus à conſidérer en matiere de Haras.

X. Il eſt néceſſaire de bien laiſſer mettre l'Etalon en état, avant que de l'admettre à ſon action avec la Cavale, la ſaillie en étant plus ſûre ; & même pour l'y aider, il faut que l'un de ceux qui tiennent les longes, lorſque le Cheval eſt monté, leve la queuë de la Cavale, & que l'autre prenne le membre du Cheval & le conduiſe adroitement, crainte de le bleſſer & d'empêcher l'action.

XI. Auſſi-tôt que le Cheval a couvert & démonté la Cavale, il faut qu'un des hommes le remette à ſon Ecurie, en lui faiſant faire encore un tour devant la Cavale, ainſi qu'avant la ſaillie, & que l'autre jette un ſceau d'eau fort fraîche au derriere & ſur les reins de la Cavale, le plus fort qu'il pourrra. On obſervera dans ce moment que le Cheval ſoit éloigné de la Cavale, parce qu'il n'y a rien de ſi dangereux que de moüiller avec de l'eau froide, le membre d'un Cheval qui vient de couvrir. Il eſt bon de promener en trottant en main la Cavale, ſi-tôt qu'elle a été ſaillie, & ſi l'on eſt proche de l'eau, il faut l'y faire entrer juſques pardeſſus les reins.

XII. Si toutes ces précautions ont été bien obſervées, on peut ſe contenter de l'avoir fait couvrir une fois ſeulement, ſinon la faire couvrir le ſoir du même jour, ſi la vigueur de l'Etalon le lui permet, & de la laiſſer douze ou quinze jours ſans la mener audit Etalon ; & après ce tems-là paſſé, on peut la lui préſenter pour voir ſi ſa chaleur dure encore ; & ſi cela ſe rencontre, on la fera couvrir comme auparavant ; mais si elle réfuse l'Étalon, ce qui se connoît par les signes ordinaires, qui sont de ruer contre lui, il ne faut pas la laisser monter, parce que ce réfus est la marque la plus assûrée que l'on puisse avoir que la Cavale a retenu.

XIII. Il est à remarquer que les Cavales qui mangent le verd dans le tems qu'elles sont admises à l'Etalon, retiennent plus facilement que celles qui sont au foin & à l'avoine, dans une Ecurie, parce qu'elles ont plus d'amour & en donnent davantage au Cheval. Il est bon de mener les Cavales à l'Etalon neuf jours après qu'elles ont pouliné, parce qu'elles retiennent mieux, attendu qu'en faisant leurs Poulains, elles vuident toutes les mauvaises humeurs qu'elles peuvent avoir dans le corps, & qui pourroient empêcher l'effet de la formation.

Age des Jumens propres aux Haras. Les Jumens doivent avoir au moins trois ans avant d'être menées à l'Etalon, autrement on n'en doit attendre que de fort mauvais Poulains ; on a encore remarqué que les Jumens trop grasses ne retiennent pas aussi aisément que les autres.

XIV. Rien ne gâte tant un Etalon que de lui présenter des Jumens qui ne sont point en chaleur, & l'on remarque que les Cavales que l'on fait couvrir par force & qui ne sont point en chaleur, retiennent fort rarement.

La Monte étant finie, l'Etalon sera nourri & gouverné comme il étoit avant la Monte, à dix livres de foin par jour, & la même quantité d'Avoine que le Roi fait fournir à sa Cavalerie.

XV. Sa Majesté entend que les Gardes Etalons joüissent pleinement & paisiblement des Priviléges qui leurs sont accordés par ses Déclarations, Arrêts, Ordonnances & Reglement pour la recompense de leurs soins & dépenses, & que tous lesdits Priviléges & exemptions soient répétés en détail dans leurs Commissions.

XVI. Mais en même-tems que Sa Majeste veut bien les prendre en sa protection, elle entend pareillement qu'ils se conformeront en tous points à ce qui leur est enjoint & prescrit par le Reglement des Haras, à l'effet de quoi il leur est enjoint d'en prendre un exemplaire des mains des sieurs Commissaires-Inspecteurs, afin qu'ils n'en prétendent cause d'ignorance. FAIT au Conseil le vingt-huit Février mil sept cens dix-sept: *Signé*, LE DUC D'ANTIN. *Signé*, BRANCAS. *Et plus bas*, MORET.

AVERTISSEMENT.

Le Livre des Reglemens, dont les Gardes Etalons ſont obligés d'avoir un exemplaire, étant chargé de pluſieurs diſpoſitions qui regardent Meſſieurs les Intendans, les Commiſſaires-Inſpecteurs & les autres Provinces du Royaume, & qui peuvent embarraſſer leſdits Gardes dans le choix des Articles auxquels il leur eſt ordonné par Sa Majeſté de ſe conformer, nous avons crû qu'il leur feroit avantageux d'en extraire les Articles qui les concernent & d'en faire un recueïl ſéparé pour leur mettre entre les mains, afin de leur faire connoître les volontés du Roi, & leur faciliter les moyens d'y obéïr.

Après leur avoir rendu ce bon office & les avoir inſtruit de tous leurs devoirs, nous eſperons qu'il ne ſe trouvera plus dans notre Département d'aſſez mal-honnêtes gens pour faire ſaillir *trente fois dans un jour*, les Etalons dont ils auront la garde, & les faire ſervir *juſqu'à cent & cent vingt Jumens dans une année.*

Le public étant intéreſſé à ne pas ſouffrir de telles malverſations qui lui feroient perdre le fruit qu'il a lieu d'eſperer d'un bel Etalon, il n'eſt pas beſoin de l'exhorter à veiller ſur la conduite des Gardes, & à nous informer de leurs contraventions & déſobéïſſances aux Ordres du Roi; Nous lui promettons de notre part d'être auſſi ponctuels à faire recompenſer ceux qui nous donneront des avis véritables, qu'à faire punir les Gardes qui feront un infame trafic des forces de leurs Etalons.

Et nous avertiſſons leſdits Gardes que nous tiendrons fidélement la main à l'exécution de tous les Articles du Reglement, ſans nous relâcher ſur aucun : ſi l'intérêt ou la crainte de perdre leur a fait y contrevenir par le paſſé, ils n'ont plus le même prétexte de les enfreindre : car leur condition eſt plus avantageuſe aujourd'hui qu'elle n'a jamais été, puiſque les États de Bretagne leur donnent à chacun cinquante livres par an, outre la retribution ordinaire & les Privileges accordés par Sa Majeſté.

Nous les exhortons donc à contribuer par leur attention, leur exactitude & leur ſoûmiſſion, à un établiſſement qui ſera agréable au Roi, utile à notre Province & profitable à tout le Royaume.

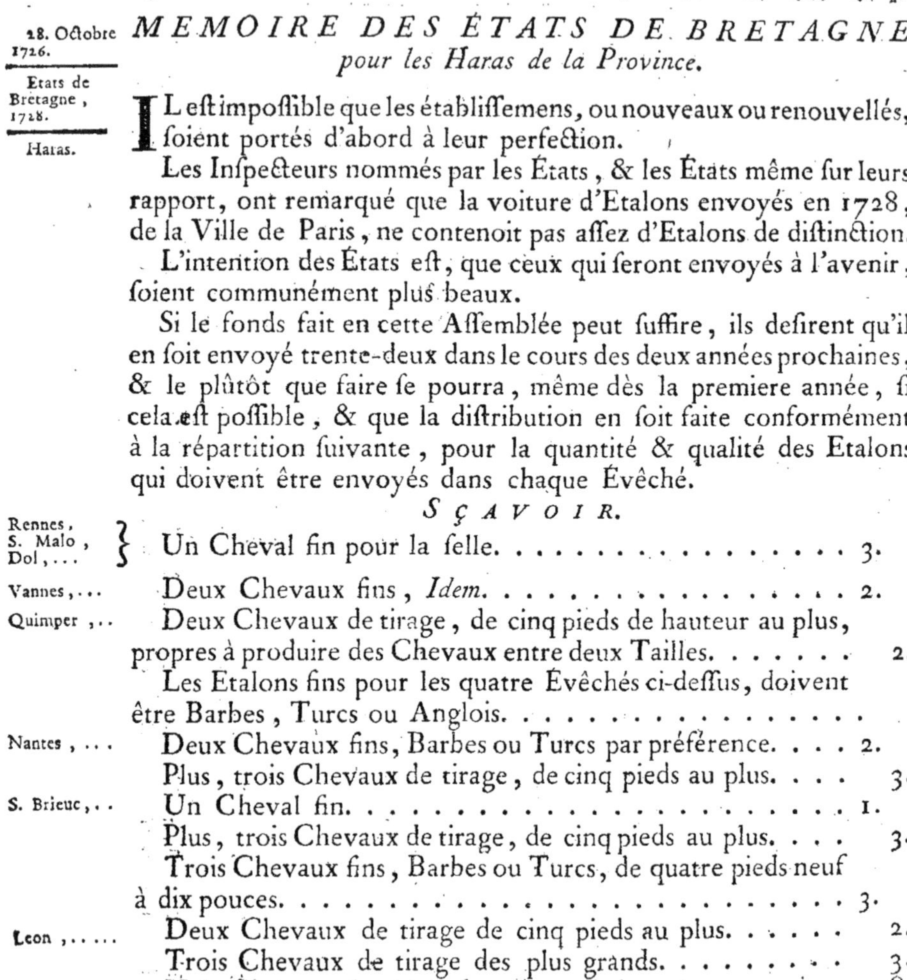

28. Octobre 1726.

Etats de Bretagne, 1728.

Haras.

MEMOIRE DES ÉTATS DE BRETAGNE *pour les Haras de la Province.*

IL eſt impoſſible que les établiſſemens, ou nouveaux ou renouvellés, ſoient portés d'abord à leur perfection.

Les Inſpecteurs nommés par les États, & les États même ſur leurs rapport, ont remarqué que la voiture d'Etalons envoyés en 1728, de la Ville de Paris, ne contenoit pas aſſez d'Etalons de diſtinction.

L'intention des États eſt, que ceux qui ſeront envoyés à l'avenir, ſoient communément plus beaux.

Si le fonds fait en cette Aſſemblée peut ſuffire, ils deſirent qu'il en ſoit envoyé trente-deux dans le cours des deux années prochaines, & le plûtôt que faire ſe pourra, même dès la premiere année, ſi cela eſt poſſible, & que la diſtribution en ſoit faite conformément à la répartition ſuivante, pour la quantité & qualité des Etalons qui doivent être envoyés dans chaque Évêché.

SÇAVOIR.

Rennes, S. Malo, Dol, ...	Un Cheval fin pour la ſelle.	3.	
Vannes, ...	Deux Chevaux fins, *Idem.*	2.	
Quimper, ...	Deux Chevaux de tirage, de cinq pieds de hauteur au plus, propres à produire des Chevaux entre deux Tailles.		2.
	Les Etalons fins pour les quatre Évêchés ci-deſſus, doivent être Barbes, Turcs ou Anglois.		
Nantes, ...	Deux Chevaux fins, Barbes ou Turcs par préférence.	2.	
	Plus, trois Chevaux de tirage, de cinq pieds au plus.		3.
S. Brieuc, ..	Un Cheval fin.	1.	
	Plus, trois Chevaux de tirage, de cinq pieds au plus.		3.
	Trois Chevaux fins, Barbes ou Turcs, de quatre pieds neuf à dix pouces.	3.	
Leon, ...	Deux Chevaux de tirage de cinq pieds au plus.		2.
	Trois Chevaux de tirage des plus grands.		3.
Treguier, ..	Huit Chevaux de tirage des plus grands.		8.
		11.	21.

Les Chevaux de tirage doivent être Allemands, Danois ou Pruſſiens. S'il y a des fonds ſuffiſans pour acheter un plus grand nombre de Chevaux que celui de trente-deux marqué ci-deſſus, on en fera l'achat & la repartition dans chaque Évêché, ſur la même proportion, obſervant cependant, que s'il n'y avoit pas aſſez d'Etalons pour en donner également à chaque Évêché, il convient que les Évêchés de Leon, Tréguier, Nantes & Saint Brieuc en ayent, préférablement aux autres, de la qualité qui leur convient.

Tous ces Chevaux ſeront marqués à la feſſe.

La marque ſera une Hermine ſurmontée de la Lettre initiale du nom de chaque Évêché.

Les Chevaux ſeront marqués à Paris ou à Rennes.

Les États ſont d'avis de donner une gratification annuelle de cinquante livres à chacun des Gardes Etalons de la Province.

Que dans les Évêchés de Nantes, Saint Brieuc, Tréguier & Leon, où le nombre des Jumens eſt plus grand & où les Revûës exigent plus de travail, la gratification des Clercs des Inſpecteurs ſoit doublée ; en ſorte que chacun de ces quatres Clercs ait par an cent francs de gratification, & qu'ils joüiſſent des Priviléges accordés aux Gardes Etalons.

Il paroît auſſi néceſſaire d'établir un Garde Haras, au moins dans chacun des Évêchés de Treguier, Leon & Nantes, de leur donner des appointemens fixes, avec les Priviléges, & de ſolliciter un Arrêt du Conſeil qui autoriſe ces nouveaux arrangemens.

Il ſera rendu, en chaque Aſſemblée des États, par le Tréſorier, un compte de la dépenſe des Haras, auquel effet il ſera nommé une Commiſſion.

La même Commiſſion ſera nommée au commencement de chaque Tenuë, pour entrer en conférence avec Meſſieurs les Commiſſaires du Roi, pour examiner ce qui a été fait, par rapport aux Haras de la Province, & les meſures qu'il y aura à prendre pour pouſſer cet établiſſement à ſa derniere perfection, & corriger les abus, s'il y en a.

Les États ont commis Monſieur le Comte du Boüexic Becdelievre & Monſieur le Comte de Guebriand, Députés en Cour, pour faire le choix & l'achat des Etalons, parce qu'ils en rendront compte aux États ; il a été ordonné par la même Délibération, qu'il sera fait fonds de 45000 livres pour l'entretien des Haras pendant les années 1729 & 1730.

Les mêmes Commissaires & Inspecteurs qui furent nommés à Saint Brieuc par Délibération du 8 Novembre 1726, pour Commissaires & Inspecteurs des Haras, ont été continués, à l'exception de Monsieur de Jacquelot, au lieu & place duquel Monsieur le Vicomte de la Bedoyere a été nommé, pour l'Évêché de Rennes : & de Monsieur du Boisbertelot, au lieu & place duquel Monsieur le Marquis du Gage fils a été nommé pour l'Évêché de Quimper ; & il a été encore ordonné que lesdits Commissaires-Inspecteurs se feront rendre compte, chacun dans leur Évêché, des anciens Etalons donnés par la Province, & feront vendre, au profit de ladite Province, ceux qui ne seront plus en état de servir, pour en rendre compte aux prochains États.

Messieurs les Députés à la Cour ont au surplus été chargés d'obtenir un Arrêt du Conseil portant l'autorisation & approbation, tant des conditions du Mémoire, que de tout ce qui a été ordonné & sera fait en conséquence. *Signé en la minute*, ✠ Ch. Lo. Aug. Évêque de Rennes, Loüis B. A. de Rohan Chabot, Prince de Leon, & Michau.

Vû & approuvé par Nous Commissaires du Roi, à Rennes le 28 Octobre 1728. *Signé*, le Maréchal Duc d'Estrées, de Brilhac, de la Tour, de la Bourdonnaye, le Liévre de la Villeguerin, Francheville, Fresnau, de Bonnefonds, Arnaud.

EXTRAIT

DES REGISTRES DU CONSEIL D'ÉTAT.

SUR la Requête présentée au Roi étant en son Conseil, par les Députés & Procureur Général-Syndic des États de Bretagne, contenant, qu'étant impossible que les établissemens ou nouveaux ou renouvellés, soient portés d'abord à leur perfection, les États ont crû nécessaire, pour le bien du service & l'avantage de la Province, de dresser un nouveau Mémoire contenant plusieurs Articles, sur ce qui leur a parû de plus utile pour la perfection des Haras dans la Province de Bretagne, en conséquence d'une Délibération desdit États du 25 Octobre 1728, laquelle Délibération, ainsi que ledit Mémoire, ayant été communiqués au sieur Comte de Brancas-Cerest, Directeur Général des Haras du Royaume, en l'absence du sieur Marquis de Brancas, il n'y a rien trouvé de contraire aux Déclarations & Reglemens concernant les Haras. A CES CAUSES, requieroient les Supplians, qu'il plût à Sa Majesté approuver & ratifier le contenu audit Mémoire & en ladite Délibération prise par les États le 25 Octobre 1728, à quoi le Roi voulant pourvoir : vû ladite Requête & lesdites Délibérations & Mémoire : oüi le rapport du sieur le Pelletier, Conseiller d'État ordinaire & au Conseil Royal, Controlleur Général des Finances, SA MAJESTÉ ÉTANT EN SON CONSEIL, a ordonné & ordonne ce qui suit.

ARTICLE PREMIER.

Que les Chevaux qui seront achetés pour servir d'Etalons dans ladite Province, seront marqués à la Fesse d'une Hermine surmontée de la Lettre initiale du nom de l'Évêché pour lequel ils seront destinés, & ce en partant de Paris ou de Rennes.

II. Qu'au lieu de donner une gratification annuelle de cinquante livres à chaque Garde Etalon, conformément audit Mémoire, cette gratification ne sera accordée qu'aux Gardes, qui par leurs soins l'auront méritée, suivant le rapport que les Inspecteurs en feront aux États ou aux Commissaires desdits États à ce députés, lesquelles gratifications seront payées par le Trésorier des États sur les fonds faits ou à faire, pour l'entretien des Haras, sur les quittances desdits Gardes Etalons, en rapportant le Certificat desdits sieurs Inspecteurs.

III. Que les Clercs ou Sécrétaires des Inspecteurs des Evêchés de Nantes, Tréguier, Leon & Saint Brieuc où le nombre des Jumens est plus grand & où il y a par conséquent plus de travail, les Revûës étant plus longues & plus embarassantes, joüiront des mêmes Priviléges accordés aux Gardes Etalons & de cent livres de gratification, au lieu de cinquante livres qui leur avoient été accordées par l'Arrêt du 14 Octobre 1727, de laquelle somme ils donneront quittance pure & simple au Trésorier desdits Etats, conformément à l'Article XIV. dudit Arrêt.

IV. Que les Inspecteurs desdits Evêchés de Tréguier, Leon & Nantes, pourront, chacun à leur égard, choisir un Garde-Haras, attendu la grande étenduë & le détail de leur Département, à chacun desquels Gardes-Haras il sera payé cinquante livres de gages sur lesdits fonds par le Trésorier, sur leurs quittances visées desdits Inspecteurs, & joüiront des Priviléges à eux accordés par le Reglement général des Haras, Article premier du titre huit.

V. Que le Trésorier des Etats rendra, à chaque Tenuë, un compte des payemens qu'il aura faits pour les dépenses des Haras, devant une Commission nommée à cet effet au commencement de chaque Tenuë d'Etats, laquelle conférera avec les sieurs Commissaires de Sa Majesté, & examinera ce qui pourroit être encore fait pour perfectionner cet établissement & reprimer les abus.

VI. Que conformément à l'Article XV. dudit Arrêt du Conseil du 14 Octobre 1727, les frais de conduite, nourriture, traitement & pansement desdits Etalons, jusqu'au jour qu'ils seront remis aux Gardes, seront payés par ledit Trésorier sur lesdits fonds faits ou à faire, sur les Ordonnances dudit sieur Marquis de Brancas, & en son absence, du sieur Comte de Brancas-Cerest, pour ceux qui seront par lui approuvés à Paris, & sur celle des Gouverneur, Commandant ou Intedant de ladite Province, pour ceux qui seront approuvés à Rennes, lesquelles Ordonnances seront expediées sur les états certifiés par les Conducteurs & arrêtés par lesdits sieurs Commissaires à ce députés & Procureur-Général-Syndic.

VII. Que le surplus dudit Mémoire arrêté par la Délibération du 25 Octobre 1728, & l'Arrêt du Conseil du 14 Octobre 1727, seront exécutés selon leur forme & teneur, en ce qu'il n'y a pas été changé ni dérogé par le présent Arrêt. FAIT. au Conseil d'État du Roi, Sa Majesté y étant, tenu à Versailles le vingt-sixiéme jour de Juillet mil sept cens vingt-neuf. *Signé*, PHELIPEAUX.

MÉMOIRE

DES ÉTATS DE BRETAGNE

TOUCHANT L'ADMINISTRATION DES HARAS DE LADITE PROVINCE.

Du 6 Novembre 1732.

HARAS.

L'Attention particuliere que les Etats de Bretagne ont donnée depuis leur Assemblée de 1726, au rétablissement & à l'augmentation des Haras dans la Province, les a portés à faire, sous le bon plaisir du Roi, des fonds & des arrangemens differens pour le choix, l'achat, la distribution & l'entretien d'Etalons convenables à chaque Canton, qui puissent fournir d'excellentes Souches, multiplier & perfectionner en Bretagne l'espece des bons Chevaux, tant pour l'avantage de l'agriculture & du Commerce interieur, que pour le service des Troupes du Roi en Paix & en Guerre; mais comme il n'a pas été possible de prendre dès le commencement toutes les mesures nécessaires pour la discipline & l'avancement des Haras, les Etats qui désirent contribuer de plus en plus à l'ordre & à la perfection d'un établissement aussi utile qu'important au bien de la Province & de l'Etat en général, ont arrêté le present Mémoire comme un supplément des Déliberations qu'ils ont ci-devant prises à ce sujet.

ARTICLE PREMIER.

Le choix & l'achat des Etalons destinés pour la Province pendant les années 1733 & 1734, sera fait par les Députés en Cour & le Procureur-Général-Syndic, qui pourront faire quelques légeres gratifications aux Commissaires qu'ils employeront à cet effet, laquelle ne pourra toutefois excéder la somme de 1200 liv. & ne sera payée que sur le Certificat desdits Députés & les Ordonnances de Messieurs les Gouverneur, Commandant en Chef ou Intendant de Bretagne, conformément à la Déliberation des Etats du 6 Décembre 1730.

II. Les Etalons seront marqués sur les lieux, dans le moment qu'ils seront approuvés : ils seront gardés douze jours, après la marque imprimée, avant de les faire partir pour la Bretagne, & on aura une attention particuliere à ne les point envoyer pendant le temps de la monte, & à les faire partir s'il est possible dès le commencement de Février.

III. Quand on envoyera des Chevaux dans la Province, il en sera fait trois Formules imprimées, pour servir de connoissemens, qui contiendront le Païs, l'âge, la taille, le poil & la marque des Chevaux, le jour de leur départ de Paris & celui de leur arrivée à Rennes, la route que tiendront les Conducteurs, les jours de leurs marches & sejours & les Départemens ausquels ils seront destinés ; une de ces Formules ou Connoissemens, sera envoyé à l'Inspecteur auquel les Chevaux seront destinés, le second sera remis au Conducteur, & le troisiéme restera aux mains de celui qui livrera les Chevaux, ou du Procureur Général-Syndic qui sera à Paris.

IV. Les Députés en Cour & le Procureur Géneral-Syndic ne pourront, sous quelque pretexte que ce soit, acheter aucuns Chevaux audessous de l'âge de quatre ans, ni au-dessus de l'âge de sept ans, ou qui ayent servi aux Haras : les Chevaux de tirage ne doivent pas même excéder l'âge de six ans.

V. les Etalons étant arrivés à Rennes, y séjourneront pendant huit jours, & le Procureur Général-Syndic qui restera en Bretagne, ou, en son absence, ses substituts régleront la route que tiendront les Conducteurs, fixeront les jours de leur arrivée dans les Villes de S. Brieuc, Guingamp & Morlaix ; & avant de les faire partir de Rennes, ils envoyeront aux Inspecteurs un double de ces Routes, afin que les mêmes Inspecteurs ayent le temps de faire avertir les Gardes, & de prevenir les inconveniens qui n'arrivent que trop souvent, lorsque les Etalons séjournent dans les Auberges.

VI. Le Trésorier ne pourra, sous quelque prétexte que ce soit, exceder les fonds faits pour l'entretien des Haras dans chaque tenuë d'Etats.

VII. Il sera reservé sur ces fonds une somme de 5000. liv. par chaque Tenüe, pour être employée au payement des gages des Secrétaires ou Clercs des Inspecteurs & des Gardes Haras de chacun des Évêchés de la Province où il y en a, au payement des gratifications

gratifications des Gardes Etalons, & pour les frais & dépenſes imprévûës qui pourront être faites en Bretagne, leſquels frais & dépenſes imprévûës ne ſeront payés que ſur les Ordonnances de Meſſieurs les Gouverneur, Commandant en Chef, & Intendant de la Province, ou de l'Intendant ſeul, en l'abſence de Meſſieurs les Gouverneur ou Commandant, ſur les certificats des Inſpecteurs des Haras, conformément aux Arrêts du Conſeil des années 1727 & 1729.

VIII. Les Inſpecteurs dreſſeront un état des gratifications qu'ils eſtimeront être dûës à chaque Garde Etalon, à proportion de ſon travail & de ſes ſoins; ils le remettront à la Commiſſion des Haras, & le Tréſorier ne payera aucune gratification auſdits Gardes Etalons, que ſur l'état de diſtribution qui en ſera arrêté par ladite Commiſſion.

IX. Le ſurplus des fonds faits ſera employé en achat de Chevaux, frais de voiture & autres dépenſes néceſſaires pour la conduite deſdits Chevaux juſqu'aux lieux déſignés dans chaque Evêché, pour recevoir ceux qui y ſeront envoyés.

S Ç A V O I R ;

Juſqu'à Rennes, pour les Etalons deſtinés aux Haras des Evêchés de Rennes, Nantes & Vannes.

Juſqu'à Broons, pour ceux de S. Malo & Dol.

Juſqu'à S. Brieuc, pour ceux de S. Brieuc.

Juſqu'à Guingamp, pour ceux de Quimper & Treguier.

Juſqu'à Morlaix, pour ceux de l'Evêché de Leon.

X. Si les fonds faits en cette Tenuë peuvent ſuffire, les Etats déſirent que dans les deux années prochaines, & même dès la premiere, s'il eſt poſſible, il ſoit acheté & envoyé dans la Province trente-cinq Chevaux, & que la diſtribution en ſoit faite par Evêché, ainſi qu'il enſuit.

S Ç A V O I R ;

Trois Chevaux fins Danois, de quatre pieds huit à neuf pouces; deux Chevaux à deux mains auſſi Danois & de même taille, & trois Chevaux de tirage, auſſi Danois ou de Holſtein, de cinq pieds au moins. LEON.

TREGUIER. Quatre Chevaux Danois, de quatre pieds neuf à dix pouces, & quatre Chevaux de tirage, de cinq pieds au moins, Danois ou de Holſtein.

S. BRIEUC. Deux Chevaux Danois, de quatre pieds ſept à huit pouces, & deux autres auſſi Danois, de quatre pieds huit à neuf pouces.

QUIMPER. Trois Chevaux fins Danois, de quatre pieds huit à neuf pouces, & deux Chevaux de tirage, Danois ou de Holſtein, de cinq pieds au moins.

NANTES. Quatre Chevaux Danois; ſçavoir, deux fins, de quatre pieds huit à neuf pouces, propres à donner des Chevaux de Selles de diſtinction, & deux autres auſſi Danois, de quatre pieds neuf à dix pouces.

VANNES. Un Cheval fin Danois, de quatre pieds huit à neuf pouces.

RENNES. Deux Chevaux Danois, de quatre pieds huit à neuf pouces.

S. MALO ET DOL. Trois Chevaux fins Danois, de quatre pieds huit à neuf pouces.

S'il y a des fonds ſuffiſans pour acheter un plus grand nombre de Chevaux que celui de trente-cinq ci-deſſus marqués, ils ſeront donnés, par préférence aux Evêchés de Leon, Treguier, Quimper & Nantes, dans la proportion ci-deſſus.

XI. Les Inſpecteurs auront grande attention aux choix de gens propres à tenir des Etalons & à les bien entretenir, comme Fermiers, Laboureurs & autres perſonnnes accommodées, qui puiſſent répondre de leur valeur; mais ils n'en placeront aucuns chez les Gentilshommes.

XII. Défenſes à tous Gardes Etalons, de faire ſervir les Etalons dont ils ſont chargés, à la Charruë ou aux Charrois ni à d'autres uſages pénibles, à peine de 100 livres d'amende, appliquable au dénonciateur, d'être déchûs de tous leurs Priviléges, & de reſtituer en entier le prix des Chevaux appartenans à la Province.

XIII. Les Gardes Etalons, qui ſe feront chargés de ceux de la Province, ſeront tenus de les garder d'une monte à l'autre, d'en avoir un ſoin très-particulier, à peine d'en répondre & de payer la valeur des Etalons qu'ils auront laiſſé dépérir; & ils ne pourront les rendre qu'après en avoir prévenu deux mois auparavant l'Inſpecteur qui les fera viſiter, & vérifiera ſi c'eſt par la faute du Garde Etalon que ces Chevaux ont été mis hors d'état de ſervir.

XIV. Les Inſpecteurs apporteront à haque Tenuë, à la Commiſſion des Haras, un Etat des Etalons de la Province, exiſtans dans leurs Départemens; enſemble l'Etat de ceux qui ſeront morts ou qui auront été vendus, n'étant plus jugés propres au ſervice des Haras, avec les piéces au ſoûtien; ils rapporteront auſſi à la même Commiſſion un Etat du nombre des Cavales ſervies dans le tems de la monte, & de celui des Poulains & Pouliches qui ſeront nés de la monte des deux années précédentes; comme auſſi un dénombrement des Jumens propres à porter des Poulains de leur taille, poil, âge & diſtinction, afin que les Etats puiſſent connoître le progrès & la ſituation des Haras, & pourvoir aux moyens de perfectionner cet établiſſement.

XV. Lorſque les Inſpecteurs trouveront dans le cours de leurs viſites des Poulains de diſtinction provenans des Etalons de la Province, ils défendront très-expreſſément aux Propriétaires de les donner aux Jumens avant l'âge de quatre ans faits; & pour les détourner d'un deſſein ſi préjudiciable au public & à leurs propres intérêts, ils leur feront entendre qu'ils vendront leurs Chevaux à la Province, à un prix plus avantageux, s'ils veulent les garder ſans les faire ſervir; & pour cet effet, ils leur promettront une récompenſe, & les engageront à mener leurs Poulains aux Etats, pour y être achetés & reçûs publiquement, en leur payant les frais du voyage.

XVI. Pourront néanmoins les Inſpecteurs des Evêchés de Leon, Treguier & Quimper, conformément à l'Article XII. de l'Arrêt du Conſeil du 14 Octobre 1727, acheter les Chevaux de diſtinction provenans des Etalons de la Province, qu'ils trouveront propres au ſervice des Haras, après qu'ils auront été approuvés par Meſſieurs les Gouverneur, Commandant & Intendant, ou par l'Intendant ſeul, en l'abſence deſdits ſieurs Gouverneur & Commandant, & ſera le prix deſdits Etalons payé par le Tréſorier, ſur les Ordonnances deſdits Sieurs Gouverneur, Commandant & ſur les Certificats des Commiſſaires-Inſpecteurs qui auront acheté leſdits Etalons, leſquels ſeront marqués d'une Hermine à la feſſe, avant d'être remis au Garde Etalon, pour les diſtinguer de ceux qui auront été approuvés par le Directeur Général des Haras, leſquels ſont marqués d'une Hermine & de la Lettre initiale de chaque Evêché.

XVII. Il eſt reſté dans la Caiſſe des Haras une ſomme de 3145 liv. 10 ſ. qui, jointe à celle de 605 liv. ci-devant payeé à quelques Gardes Etalons des Evêchés de Rennes, S. Malo & S. Brieuc, fait en tout une ſomme de 3795 liv. 10 ſ. que l'on eſt d'avis de partager dans tous les Départemens, à proportion du nombre des Etalons qu'un chacun poſſéde, & ce à raiſon de 50 liv. à chaque Garde Etalon, à l'exception toutefois de ceux qui ont déja reçû quelques avances, auſquels ſera payé ſeulement le Supplément néneſſaire pour parfaire ladite ſomme de 50 liv. & au ſurplus ce qui reſtera de ladite ſomme de 3795 liv. 10 ſ. après leſdites gratifications payées, demeurera dans la Caiſſe du Tréſorier des Etats, pour ſervir aux fonds des Haras des années ſuivantes.

Fait & arrêté en l'Aſſemblée des Etats, à Rennes le ſix Novembre mil ſept cens trente-deux.

† CHR. L. Ev. de Nantes.
DELANGLE, Abbé de Blanche-Couronne.
DE MONTALEMBERT, Député de Rennes.
L'ABBÉ DE PAULE, Député de Treguier.

DE PENELÉ.
BECDELIEVRE DU BOUEXIC.
DE PENMARCH.
BOTHEREL BRETONNIERE.

PROVOST DE BOISBILLY, Lieutenant Général de l'Amirauté & Député de Morlaix.
GOULLET, Sénéchal & Député de Rhedon.
ROSSELIN, Maire & Député de Carhaix.
DE QUERLIZIEN LE DUFF, Député de Landerneau.

Vû & approuvé par Nous, Commiſſaires du Roi, à Rennes ce ſixéme Novembre 1732.

LE MARÉCHAL DUC D'ESTRÉES.

DE BRILHAC.
LE LIEVRE DE LA VILLE-GUERIN.
DE CARADEUC DE LA CHALOTAIS.

DE LA TOUR.
DE CUILLÉ.
BOUCHAUD.
DE BONNEFONS.
ARNAULD.

EXTRAIT DES REGISTRES DU GREFFE DES ÉTATS DE BRETAGNE.

Du Mardi 26 Novembre 1754, neuf heures du matin.

Monſeigneur l'Évêque de Rennes.
Monſeigneur le Prince, Comte & Baron de Leon.
Monſieur le Sénéchal de Rennes.

LES ÉTATS ont ordonné & ordonnent qu'outre le fonds qui fut fait & ordonné par Délibération du 2 de ce mois de la ſomme de 50000 liv. pour les Haras, pour les deux années 1755 & 1756, il ſera encore fait fonds dans la préſente Tenuë de la ſomme de 200000 livres pour acheter des Etalons & Jumens, afin de changer la race des Chevaux dans la Province, & ont en conſéquence chargé & chargent la Commiſſion des Haras de ſe raſſembler aujourd'hui pour, avec Meſſieurs les Commiſſaires-Inſpecteurs des Haras qui voudront bien s'y trouver, dreſſer un Mémoire & Plan de la maniere dont les nouveaux fonds ordonnés pour l'achat des Etalons & Jumens ſeront employés, pour, ſur le rapport de ladite Commiſſion, être délibéré & ordonné ce qui ſera vû appartenir.

Du Mercredi 27 Novembre 1754, neuf heures du matin.

Monſeigneur l'Evêque de Rennes.
Monſeigneur le Prince, Comte & Baron de Leon.
Monſieur le Sénéchal de Rennes.

MONSIEUR l'Evêque de Quimper a préſenté à l'Aſſemblée le Plan & Mémoire que la Commiſſion des Haras a dreſſé en exécution de la Délibération du jour d'hier, de l'emploi des nouveaux fonds qui furent ordonnés pour acheter des Etalons & Jumens, & changer la race des Chevaux dans la Province, duquel Mémoire lecture faite, & de l'avis de la Commiſſion.

Les Etats ont ordonné & ordonnent, conformément à l'avis de la Commiſſion, que les nouveaux fonds faits hier, ſeront employés pour acheter cinquante Etalons & deux cens cinquante Jumens, dont il y aura ſept Etalons & cinquante Jumens pour l'Evêché de Leon, huit Etalons & cinquante Jumens pour l'Evêché de Tréguier, huit Etalons & vingt-ſix Jumens pour la partie Méridionale de l'Evêché de Quimper, huit Etalons & vingt-ſix Jumens auſſi pour la partie Septentrionale dudit Evêché de Quimper, cinq Etalons & quatorze Jumens pour l'Evêché de Nantes, quatre Etalons & dix-ſept Jumens pour l'Evêché de Rennes, deux Etalons & vingt Jumens pour l'Evêché de Vannes, quatre Etalons & vingt Jumens pour l'Evêché de Saint Brieuc, deux Etalons & douze Jumens pour l'Evêché de St. Malo, & pour l'Evêché de Dol deux Etalons & quinze Jumens.

Ordonnent en conſéquence 1°. Que les Jumens ſeront diſtribuées dans les differens Départemens par Meſſieurs les Inſpecteurs.

2°. Que les Gardiens des Jumens avertiront Meſſieurs les Inſpecteurs du jour de la naiſſance des Poulains ou Pouliches, & qu'ils ne pourront les vendre ſans l'agrément de l'inſpecteur qui ſera Maître de reſerver les éleves qui lui paroîtront les plus diſtingués pour être placés dans la Province, & payés ſuivant l'eſtimation; & qu'il ſera payé, par forme de gratification, une piſtole par chaque année au Gardien, juſqu'à ce que l'Inſpecteur lui ait permis de vendre la production de ſa Jument.

3°. Que Meſſieurs les Députés s'adreſſeront aux ſieurs Guelles ou autres Marchands pour le fourniſſement des cinquante Etalons, & des deux cens cinquante Jumens qui ſeront diſtribués, comme eſt dit, dans la Province; & ſont meſdits ſieurs les Députés priés d'employer le ſieur Helie pour examiner leſdits Etalons & Jumens avant de les acheter : les États prient auſſi Meſſieurs de Brehant, de la Riviere, le Chevalier de la Villetheart, de Montloüet, & de la Blotiere, de ſe joindre avec leurs Députés pour aider à faire cette emplette.

4°. Ordonnent les Etats qu'après l'achat qui ſera fait des Baudets, il en ſera donné un à Monſieur de Landal, un à Monſieur de Nevet, un à Monſieur Dandigné, un à Monſieur Gouyon de Beaufort, un à Monſieur du Bodan Maire de Vannes, & les autres à Nantes.

Laquelle préſente Délibération ſera imprimée.

La minute *Signée* † L'Evêque de Rennes, le Duc de Rohan & Baillon.

TABLE

DÉCLARATION du Roi, portant confirmation des Priviléges attribués aux Gardes des Etalons, établis pour les Haras du Royaume, du 22 Septembre 1709, Page 3
Réglement que le Roi, de l'avis de Monsieur le Duc d'Orleans, son Oncle, Regent, veut être observé à l'avenir, touchant le Service des Haras du Royaume, 8

TITRE PREMIER.

Intendans & Commissaires départis dans les Provinces, idem.

TITRE II.

Commissaires-Inspecteurs des Haras dans les Départemens, 11

TITRE III.

Sous-Inspecteurs & Visiteurs des Haras, 15

TITRE IV.

Gardes Etalons, idem.

TITRES V.

Propriétaires des Chevaux Entiers, Cavales & Poulains, 24

TITRE VI.

Propriétaires des Bouriquets, autrement appellés Animaux, 27

TITRE VII.

Maires, Echevins, Consuls, Syndics & Collecteurs des Paroisses, 28

TITRE VIII.

Gardes Haras, 30

TITRE IX.

Huissiers & Sergens, 31
Formules ensuite dudit Réglement du 22 Février 1727, 32

Lettres Patentes du Roi du 22 Février 1717, sur le Réglement rendu pour le service des Haras du Royaume, dudit jour 22 Février 1717, pag 56

Mémoire du Conseil du dedans du Royaume, pour servir d'instruction à Messieurs les Intendans & Commissaires départis dans les Provinces du Royaume, touchant le rétablissement des Haras du 18 Février 1717, 57

Mémoire du Conseil du dedans du Royaume, pour servir d'instruction aux Sieurs Commissaires-Inspecteurs des Haras dans les Provinces du Royaume, touchant l'administration des Haras, du 28 Février 1717, 98

Instructions aux Gardes Etalons, du 28 Février 1717, 11

Délibérations des États de Bretagne des 8 & 15 Novembre 1726, au sujet de l'entretien des Haras de cette Province, 11

Arrêt du Conseil d'État du Roi, du 14 Octobre 1727, concernant le rétablissement & l'entretien des Haras de la Province de Bretagne, 118

Délibération des États de Bretagne, du 25 Octobre 1728 au sujet de l'entretien des Haras, 12

Extrait du Reglement arrêté au Conseil d'État du Roi, pour le service des Haras du Royaume, le 22 Février 1717, des Mémoires du Conseil du dedans du Royaume du 28 Février 1717, & de l'Arrêt du Conseil du 14 Octobre 1727, 12

Mémoire des États de Bretagne pour les Haras de la Province, 13

Arrêt du Conseil d'État du Roi du 26 Juillet 1729, au sujet des Haras de ladite Province, 14

Mémoire des États de Bretagne pour l'administration des Haras de ladite Province, 14

Délibérations des 26 & 27 Novembre 1754, au sujet du nouveau fonds de 200000 liv. ordonné par les États, pour acheter des Etalons & Jumens afin de changer la race des Chevaux dans la Province, 14

FIN.

www.ingramcontent.com/pod-product-compliance
Ingram Content Group UK Ltd.
Pitfield, Milton Keynes, MK11 3LW, UK
UKHW012039240726
13965UKWH00003B/919